Man sollte viel mehr träumen, an der frischen Luft spazieren gehen und die Träume anschließend realisieren. Es funktioniert.

Jasmin Khezri

JASMIN KHEZRI

IRMAS World

STILVOLL IN ALLEN LEBENSLAGEN

CALLWEY

INHALT

DO NOT DISTURB, I WANT TO DREAM...

JASMIN KHEZRI

Dieses Buch von, mit und über meine Illustrationsfigur IRMA lädt zum Träumen ein. Seit vielen Jahren ist sie meine treue Lebensgefährtin, entstanden in einer Zeit, in der ich meine liebsten Kleidungsstücke und Accessoires an einer imaginären Frauenfigur nachzeichnete. Mit der Zeit wurde IRMA zu einer Person, die sich nicht nur für Mode, sondern auch für Themen wie Reisen, Design, Wohnen, gutes Essen und Beauty interessiert und mit der ich auf meinem Zeichenblatt zu den unterschiedlichsten Orten reiste. IRMA wurde sozusagen zu meinem Alter Ego, wodurch ich mir manchmal sogar selbst unsicher war, ob ich auch wirklich persönlich an den Orten war, zu denen ich IRMA geschickt hatte. Durch Auftritte als Trendscout für die deutsche *Glamour* sowie als Autorin in meinem digitalen Magazin *irmasworld.com* und anderen Publikationen wurde IRMA bekannt. Bis heute verrät sie Tipps und erzählt Geschichten darüber, wie man sich stilvoll durchs Leben bewegt.

Dieses Buch ist nicht nur ein Portfolio, das meine zahlreichen Illustrationen, die ich über die Jahre erstellt habe, präsentiert. Es soll vor allem eine Inspirationsquelle sein, die IRMAs großen Schatz an Wissenswertem vereint. Erfahren Sie, wie IRMA nur noch mit Handgepäck reist und trotzdem jeden Tag etwas anderes anzieht, wie sie in kürzester Zeit eine Cocktailparty organisiert oder welche Mode-Must-haves sie kombiniert, während sie gleichzeitig nachhaltig konsumiert. Daneben gibt es zahlreiche Interviews mit Menschen, die IRMAs Weg gekreuzt haben, so zum Beispiel Designerin Tory Burch oder Unternehmerin Marie-Louise Sciò vom Hotel Il Pelicano.

IRMA führt in diesem Buch durch die schönen Dinge des Lebens und lässt die Träume, zu denen man während des Lesens verleitet wird, greifbar werden.

Viel Freude beim Lesen und Anschauen wünscht
Jasmin Khezri

Mein besonderer Dank gilt meiner Familie:

Meinem Mann Rainer Tschierschwitz, der viele Fotos in diesem Buch gemacht hat und die Idee für das digitale Magazin *irmasworld.com* schon 2007 hatte. Meinen Kindern Greta und Eliot, zwei kritische Beobachter, aber vor allem Quellen der Inspiration.
Meiner Mutter Dorette Khezri, von der ich meine Vorliebe für Dinnerpartys und köstliches Essen habe.
Meiner Großmutter Irma Vilz, die die Inspiration für die Figur IRMA war, und meinem Bruder Bijan Daniel Khezri, der mich speziell in den Anfangszeiten mit Rat und Ideen zur geschäftlichen Seite unterstützt hat.
Nicht zuletzt gilt mein Dank unserem Editor-at-Large, Zoe Warncke, die in unserem New Yorker Büro die besten Themen wie Nadeln im Heuhaufen findet, und unserem ganzen Team, das IRMA jeden Tag zum Leben erweckt.

Wenn ich mir etwas nicht kaufen konnte, habe ich es gezeichnet. Zeichnen ist wie Nähen: Man lernt alles über Schnitte, wie ein Stoff fällt und wie er sich bewegt und oftmals wie er sich anfühlt.
Jasmin Khezri

VORWORT

von CHRISTOPH AMEND, Editorial Director des *ZEITmagazins*

Ich kam 1996 in die Redaktion des *jetzt*-Magazins der *Süddeutschen Zeitung* nach München, als Anfang 20-Jähriger aus Hessen, der auf dem Land aufgewachsen war. *Jetzt* war das Jugendmagazin der *SZ*, das kleine Team arbeitete in einer Altbauwohnung in der Hackenstraße, abseits des riesigen Redaktionsgebäudes, wo die Erwachsenen die Zeitung machten. Ich kam aus dem Staunen nicht mehr heraus, was auch an der Art Direktorin Jasmin Khezri lag. Jasmin war nur ein paar Jahre älter als ich, aber sie verströmte den Duft der großen, weiten Welt, geboren war sie in London, und auch wenn sie nicht viel darüber redete, bekam ich schnell mit, dass sie auch in Frankreich aufgewachsen war, persische Wurzeln hatte, und dass ihre Großmutter Mode von Chanel sammelte. Das stand natürlich zum Kontrast unserer täglichen Arbeit, denn *jetzt* hatte kein Geld. Im selben Haus wurde auch das *SZ-Magazin* gemacht, es wurde auf besserem Papier gedruckt und schickte seine Leute auf Rechercherereisen an die entlegensten Orte, arbeitete mit berühmten Fotografen. Jasmin Khezri musste sich also einiges einfallen lassen, um aufzufallen. Einmal, wir arbeiteten an einem

Special zu den Olympischen Spielen in Atlanta, sagte Jasmin, die sich für Profisport nicht sonderlich interessierte: Die italienische Zeitung *Gazzeta dello Sport* wird doch auf rosafarbenen Papier gedruckt, oder? Und könnt ihr die Sportlerinnen und Sportler nicht nach ihren Talismännern und Glücksbringern fragen? Am Ende erschien die Olympia-Ausgabe in rosa mit Teddybären, Halsketten und Boomboxen – und wurde eine der hübschesten und zugleich persönlichsten *jetzt*-Ausgaben überhaupt. Das war für mich der Moment, in dem ich begriff, was die Magie von Magazinmachen ausmacht, wenn man die Tür zur Freiheit aufstößt.

Eines Tages tauchte in diesen Jahren auch IRMA auf den Seiten von *jetzt* auf, vielleicht fehlte mal wieder Geld für eine teure Illustration, vielleicht war mal wieder zu wenig Zeit, das weiß ich nicht mehr, aber ich weiß noch, dass diese elegante Cartoonfigur denselben Duft der großen, weiten Welt verströmte wie ihre Erfinderin und Zeichnerin Jasmin Khezri. Es waren rauschende, schnelle Jahre damals bei *jetzt*, prägend für Kol-

leginnen und Kollegen wie Johanna Adorján, Rebecca Casati und Andreas Bernard, die später selbst bekannte Autoren wurden, und Jasmin Khezri wurde für ihre Gestaltung des kleinen, dünnen Magazins vielfach ausgezeichnet, das montags heimlich unter Schul- und Universitätstischen gelesen wurde. Natürlich wurde Jasmin Khezri abgeworben, ein französisches Modemagazin machte sie zu seiner Art Direktorin, und mit ihr verließ auch IRMA die Altbauwohnung in der Hackenstraße. Irgendwann erzählte eine Freundin, dass IRMA ein Star in Japan geworden war, dass Millionen von Fans ihre Abenteuer lesen würden. IRMA wurde, ohne dass sie das Wort schon kennen konnte, eine der ersten Influencer der Modewelt, *Hermès*, *Céline* und *Shiseldo* arbeiteten mit ihr, sie tauchte regelmäßig in Magazinen wie *Tatler* in London und der japanischen *Vogue* auf, im Internet wurde sie zu ihrer eigenen, unverwechselbaren Marke. Und ich dachte, was für eine Pointe: Einst war sie aufgetaucht, weil kein Geld da war, jetzt verdiente sie mehr Geld, als sie es sich selbst je hatte vorstellen können. Und verströmt bis heute den Duft der großen, weiten Welt.

WER IST IRMA?

Als IRMA entstand, gab es noch keine Social Media, sondern Zeitschriften boten Anregung und jede Menge Spaß. Man kaufte sich die *Vogue* aus anderen Ländern und war inspiriert von deren Bildsprache (verstehen konnte man sie meist eh nicht). Das war 1995, ein Jahr geprägt von dem Phänomen der Girlies bzw. dem Girly Style wie auch der Techno-Szene.

Ich war Art-Direktorin des *JETZT Jugend Magazins* der *Süddeutschen Zeitung*, und da wir das Glück hatten, nicht am Kiosk verkaufen zu müssen, hatten wir die Freiheit, sehr experimentell und kreativ arbeiten zu können, denn es gab natürlich nur wenig Budget. Als es um eine Street-Style-Reportage in New York ging, versuchte ich mein Glück und bat Wolfgang Tillmans zu fotografieren. Er fand das Projekt spannend und machte die Bilder. Ich erstellte meine ersten Illustrationen, um Artikel im Magazin zu bebildern. Ich entwickelte einen Stil, der mir Spaß machte, und zeichnete alle Must-haves und Lieblingsaccessoires an einer imaginären Frauenfigur – IRMA.

Wenn Modeschauen angesagt waren, verbrachte ich täglich Stunden in meinem Atelier und zeichnete die neuesten Trends, Kleider und all die Dinge und Umgebungen, in denen ich IRMA damit sah. Ende der 90er ging ich als Art-Direktorin zu dem Magazin *Marie Claire* und illustrierte dort ebenfalls viel. Dann rief mich eine Agentin aus Tokio an und fragte nach IRMA und ob ich Lust hätte, ein Schaufenster mit dieser Kunstfigur für Louis Vuitton in Tokio zu gestalten.

Das hatte ich natürlich, und so nahm die weitere Entwicklung von IRMA ihren Lauf, einer ganz normalen Frau, interessiert an Mode, Reisen, Design, Wohnen, Essen, Beauty und vor allem immer sehr neugierig. Meine Agentin aus Tokio begleitet mich übrigens heute noch.

IRMA wurde immer erfolgreicher und durch mein Netzwerk an internationalen Agenten von Asien über die USA bis nach Europa bekannt. 2005 bekam ich von meiner europäischen Agentin in Paris den Auftrag, das Design für eine Sportlinie von Celine zu gestalten. Die Illustrationen wurden auf T-Shirts, Schirmen und Seiden-Foulards gedruckt, und ich entwarf passende Visuals für die Schaufenster. Es wurde zu einer der erfolgreichsten Celine-Kampagnen in Asien.

IRMA wurde quasi zu meinem Alter Ego, sodass ich manchmal nicht ganz sicher war, ob ich wirklich an all den Orten persönlich gewesen war, zu denen ich meine IRMA geschickt hatte. Beauty-Konzerne wie Procter & Gamble, Shiseido, Clinique und mehrere illustrierte Kolumnen in der japanischen *ELLE*, *Nippon Vogue* und dem britischen Magazin *Tatler* folgten. Besonders berühmt wurde IRMA aber in Deutschland als Trendscout für die deutsche *Glamour*. Diese Rolle durfte sie ab der ersten Ausgabe über zehn Jahre lang spielen.

Mit dem Aufkommen von Social Media gab es dann plötzlich ganz viele IRMAs, diesmal aber in echt. Ich traf dann die Entscheidung, mich auch selbst zu zeigen, und die Illustration war weniger präsent, nur noch für Werbekampagnen, Package-Designs, Magazin-Editorials, Publishing-Projekte oder als gezeichnete Figur für myTheresa.com. Damals sollte Onlineshopping noch emotional aufgeladen sein, und mit einer gezeichneten Frauenfigur, die die neuesten Trends vorstellte, konnte sich jeder identifizieren. Die Fashion-Illustrationen waren perfekt, um Packagings, Give-aways und Services des Unternehmens zu illustrieren.

Heute illustriere ich die Looks unserer Kollektion und merke, während ich zeichne, wie ich Proportionen, Rocklängen und Hosenweiten verbessern bzw. optimieren kann. IRMA lebt also weiter, jetzt aber nicht mehr nur zum Anschauen, sondern auch zum Anziehen.

MYTHERESA.COM

TATLER, UK

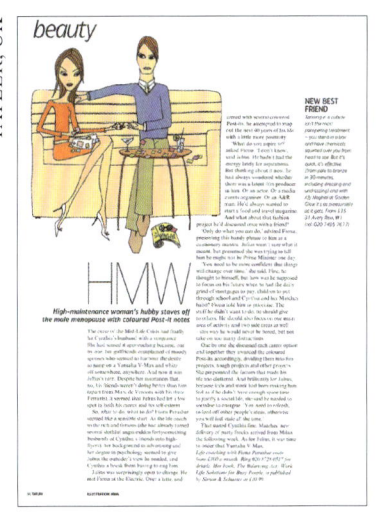

NIPPON VOGUE

ICON, WELT AM SONNTAG

CELINE

LOUIS VUITTON, SETAN, TOKYO

AZZARO PERFUME

CELINE

EMANUELLE SEIGNET, CELINE

GLAMOUR, GERMANY

MYTHERESA.COM

CELINE

MYTHERESA.COM

DE BEERS, ITALY

MYTHERESA.COM

KUNSTFIGUR

Ich frage mich oft,
warum Millionen von Frauen
wie Kim Kardashian
aussehen wollen.

Ich bin immer in Bewegung.

Kim Kardashian

Ich auch.

IRMA

FASHION

PROBIEREN
& Spielen

Es hat nicht lange gedauert, bis ich meinen persönlichen Stil gefunden habe. Auf dem Weg dahin hat mir jeder Trend, jedes Ausprobieren und jedes gekaufte Teil große Freude bereitet, und irgendwie hat sich daraus mein persönlicher Stil entwickelt. Ich war nie extrem geradlinig bei der Auswahl meiner Kleidung, sondern eher experimentierfreudig. Dennoch ist mein Stil klassisch und zeitlos. Jetzt weiß ich auch, dass man in der Mode nicht immer seiner Linie treu bleiben muss; das wäre viel zu langweilig. Mode ist das ideale Werkzeug, um sich öfter neu zu erfinden.

Niemals UNDERDRESSED

Es gibt gewisse Regeln bei der Abendmode. Zum Beispiel, dass man als Gast auf einer Hochzeit kein Weiß trägt oder dass man auf einer Gala mit dem Dresscode Black Tie kein kurzes Cocktailkleid wählen, sondern lieber auf lang setzen sollte. Doch man kann durchaus ein Abendkleid mit Ledersandalen zum Lunch am Beach anziehen oder ein Cocktailkleid mit Turnschuhen zum Dinner in Madrid.

Oben: Hermès für die amfAR-Gala in Antibes. Tory Burch in Marrakesch.
Unten: Chanel mit Jina Khayyer; Etrokleid in Madrid.

Black Tie bedeutet nicht nur lang – das Kleid sollte aus einem abendlichen Stoff wie Samt, Seide, Chiffon oder Spitze bestehen.

Es ist schwierig, ein schönes Abendkleid zu finden. Wer sich da unsicher ist, kann mittlerweile als Frau in der Generation fluid gender ebenso einen Smoking anziehen. Dieser Look ist nicht neu, Yves Saint Laurent schuf schon in den 70er-Jahren die schönsten Smokings für Frauen.

Wer kein großes Budget für eine Abendrobe ausgeben möchte, sollte auf Vintage zurückgreifen. Es erfordert ein besonders gutes Stilempfinden, um das richtige Kleid aus der passenden Zeit in einem hervorragenden Zustand zu finden und entsprechend zu tragen.

Wer nicht weiß, wie elegant eine Einladung sein wird, sollte sich für ein langes, eher schlichtes Kleid aus bestem Material entscheiden. In der Abendtasche hat man dann entsprechend großartigen Schmuck, den man anlegen kann, je nachdem, wie sophisticated die Gästeliste ist. So wird aus einem Underdressed-Look ganz schnell ein Overdressed-Statement.

Sie sollten immer ein kleines Erste-Hilfe-Kit in Ihrer Abendtasche bei sich haben. Salbeipastillen, falls sich am späten Abend die Stimme verabschiedet, Pflaster für eventuelle Blasen und Aspirin für den Kopf.

Die Investition in ein klassisches Abendkleid lohnt sich auf jeden Fall. Dabei ist das Material entscheidend, und von Mustern würde ich grundsätzlich abraten, da man ein Kleid mit auffälligem Print selten ein zweites Mal tragen kann.

Schuhe sind neben dem Schmuck das wichtigste Styling-Element. Geht man zu einem Sommerfest in den Park, sollte man eher Plateau-Sandalen als Stilettos wählen. Achten Sie auch darauf, das Abendkleid in der entsprechenden Länge zu kaufen. Wenn sich die hohen Schuhe unter dem Stoff des Kleides verstecken, wirkt die Trägerin groß.

IRMA in einem Kleid
von Oscar de la Renta.

IRMA trägt Etro.

GERIPPT, MOHAIR, KASCHMIR

und vieles mehr

Strick ist immer eher eine kreative Leinwand. Durch verschiedene Fasern und Techniken ist vieles möglich, besonders wenn man nachhaltig denkt. Strick-Designer werden zu Künstlern, und große Marken investieren in Maschinen, die neue, digital erstellte Designs umsetzen, die vorher nicht machbar waren. Und dann gibt es noch den Trend zum Selbstgestrickten aus feinen, oftmals recycelten Materialien.

DAS HABE ICH ÜBERS STRICKEN ERFAHREN:

1. Commuknitty heißt die neue Initiative, um Strickkreationen von jungen Designern für einen guten Zweck zu verkaufen. Der in London gegründete Verein ist eine tolle Plattform, um sich über die Trends bei Strickwaren zu informieren und einzustricken. *@commuknitty*

2. Wollmäuse verschwinden, wenn man das Teil auf links dreht und in der Waschmaschine im Wollprogramm kalt wäscht. Oder man benutzt eine Rasierklinge, um den Strick zu „rasieren".

3. Stricken ist eine gute Sache, die sich positiv auf das soziale Verhalten und die Psyche auswirken kann. Besuchen Sie einen Strick-Club in Ihrer Stadt oder gehen Sie in Ihr Lieblingsgeschäft für Wolle, um sich Informationen zu holen. Dort können Sie sich zudem mit Gleichgesinnten treffen und austauschen.

4. Was macht man am besten mit hochwertigen Strickteilen, die man nicht mehr trägt? Man verwendet sie für etwas anderes. Aus einem alten Kaschmirpullover lässt sich ein Kissen machen, oder Sie trennen die Arme ab und nutzen sie als Stulpen.

5. Strick verbinde ich mit einem Wohlgefühl. Strick wärmt und sollte daher auf der Haut nicht zu spüren sein. Daher ist weiche Baumwolle oft angenehmer als Kaschmir.

6. Schauen Sie sich die Zusammensetzung der Wolle genau an, wenn Sie ein Strickteil kaufen. Es ist schön, wenn ein Teil der Materialien schon mal recycelt wurde und eine Wiederverwendung gefunden hat oder das Material besonders umweltschonend ist. Hochwertige Materialien wie Kaschmir und Alpaka sollten ohne weitere Zusätze 100 Prozent natürlich sein.

Von links nach rechts:
– Preloved-Strickkleid von Chanel aus verschiedenen Fasern.
– Vintage-Mohair-Jacke von Prada mit Swarowski-Applikationen.
– Handgehäkelter Strickpullover und Mini-Poncho aus Organic Cotton aus der Jasmin Khezri Collection.

GUT ANGEZOGEN

Mit einem schönen Mantel ist man immer perfekt gekleidet. Eigentlich braucht man gar nicht viel anderes, als Jeans und Pullover dazu zu tragen, und schon ist man fertig.

Wer nicht viel Zeit mit Styling verbringen möchte, investiert in einen außergewöhnlichen Mantel. Für jede Jahreszeit kann man ein besonderes Modell suchen, dann ist man bestens aufgestellt und stets gut angezogen. Mäntel kann man durch eigenes Styling oder mithilfe eines Schneiders leicht verwandeln. Nimmt man die Ärmel weg, hat man eine Weste, und mit einem breiten oder schmalen Gürtel lässt sich die Silhouette im Nu verändern.

Mäntel sind wie Häuser, in denen man Zuflucht findet, daher sollte man auf gute Materialien achten. Ein Mantel mit zu viel Kunstfaser klebt an der Kleidung, da die Kunstfaser elektrisiert und zu viel Polyamid das Material beim Tragen aufraut. Eine großartige Idee ist es, Mäntel neu zu füttern, zum Beispiel mit einem Innenfell aus einem Vintage-Pelzmantel, einem warmen Filz- oder Lodenstoff oder im Falle eines Sommermantels mit einem interessanten Futterstoff aus Seide.

Was ich an Mänteln besonders mag? Jede Mantelform und jedes Modell kommt irgendwann wieder in Mode. Daher sollte man sie unbedingt aufbewahren. Erstellen Sie sich ein eigenes Archiv mit Ihren Mänteln und verändern Sie sie nach Belieben durch neue Knöpfe, Applikationen oder wie oben erwähnt durch ein neues Innenleben.

IRMA trägt Dior.

IRMA trägt eine
Bluse und einen Rock
von Christian Dior.

FLORALES
Punkte & Streifen

Das ein oder andere verlangt nach der passenden Laune, alles zusammen nach einem sicheren Stilempfinden und dem richtigen Auftritt. Muster sind sicherlich am schwierigsten zu kombinieren, und entweder liebt man sie oder bleibt monochrom.

Florale Kleider erfordern ein selbstbewusstes Auftreten, denn oftmals wirken sie ziemlich mädchenhaft und verspielt.

Wählen Sie dazu einen Schuh, der das Florale bricht. Etwas, das einen Kontrast im Gesamtlook bringt, eine gewisse Coolness.

Punkte und Streifen oder/und Muster sollten aus einer Farbfamilie kommen, falls man sie miteinander kombiniert.

Achten Sie auf fließende Schnitte. Ein eng anliegendes florales Muster braucht eine Verarbeitung, die das Muster nicht verzerrt, da es ansonsten unvorteilhaft für die Figur ausfallen kann.

Starten Sie zum Eingewöhnen mit Print-Foulards und Accessoires, wenn Sie selten Muster, Streifen oder Punkte tragen.

Denken Sie daran, dass Muster, Polka Dots und Streifen immer eine Aussage darstellen. Streifen wirken meist erfrischend. Punkte sind stark, und florale Prints in der richtigen Farbkombination unterstreichen einen Bohemian-Stil.

Oben, von links nach rechts:
– Jasmin mit J.J. Martin in Mailand. Sie tragen beide La Double JJ.
– Das Polka Dot Kleid ist von Miu Miu.

Unten, von links nach rechts:
– Ein Kleid von Horror Vacui und ein Kleid von Miu Miu.

HUTGESICHT

Historisch gesehen trug man einen Hut als Schutz vor Sonne, Kälte und Wind. Ohne Hut ging man als Dame in den 50er-Jahren gar nicht auf die Straße. Danach geriet der Hut immer stärker in Vergessenheit. „Hab ich ein Hutgesicht", war meine Frage, als ich mir einen Hut zur Hochzeit einer Freundin kaufte, denn heute sind Hüte vor allem ein Statement.

Von links nach rechts:
– Ana Lamata und Jasmin Khezri in Madrid. Beide tragen Hutkreationen von Ana Lamata.
– Im Aman Hotel in Marrakesch gibt es einen Sonnenhut für jeden Gast.
– Ich trage den Hut der Gründerin des ehemaligen Oriental Hotels in Galle, Sri Lanka.
– Blauer Hermès-Hut auf dem Land.

Als ich vor einiger Zeit die Hutdesignerin Ana Lamata aus Madrid für ein Interview traf, erschloss sich mir eine ganz neue Welt. Ich hatte das Glück, einen Einblick in ihre Arbeit zu bekommen. Schnell wurde mir klar, dass Hut nicht gleich Hut ist, denn die Art, wie Ana Hüte macht, ist Kunst. In traditionellem Handwerk fertigt sie Kopfbedeckungen an, die nicht nur perfekt sitzen, sondern zu Schmuckstücken werden, wenn man sie aufsetzt.

DAS HABE ICH ÜBER HÜTE ERFAHREN:

1. Wer einen Hut trägt, nimmt Haltung an, geht aufrechter und bewegt sich eleganter.

2. Eine Kopfbedeckung muss kein klassischer Hut sein. Es gibt viele unterschiedliche Möglichkeiten, die einem schmeicheln, das Gesicht betonen oder auch Makel verdecken.

3. Wie frisiere ich mein Haar, wenn ich einen Hut aufsetze? Ich persönlich trage es offen und nach vorne gelegt. Aber je nach Hutform kann ein Chignon oder ein Pferdeschwanz den Hut und das Gesicht noch schöner machen.

4. Wussten Sie, dass Hüte aus Biberfell die wärmste Kopfbedeckung sind? Biberfell kann nass werden und trocknet schnell, schließlich leben die Tiere ja teilweise im Wasser. Es gibt also kein Material, das den Kopf so stark vor Wind, Nässe und Kälte schützt.

5. Die Hutform kann einen größer oder kleiner wirken lassen, also eine gute Alternative zu hohen oder flachen Schuhen sein.

6. Ein Hut verleiht eine gewisse Aura. Denken Sie etwa an die Hüte der Queen, die von Rose Cory, der ältesten Hutmacherin in England, gemacht wurden. Ana Lamata hat ihr Handwerk bei Rosy gelernt. Oder an den Hut, den Julia Roberts im Film „Pretty Women" beim Pferderennen getragen hat. Denken Sie an die Szene mit Kim Basinger in dem Film „9 ½ Wochen", blondes Haar und schwarzer Melonenhut. Der Hut hat die Filmszene bestimmt.

7. Ein Hut ist ein Statement oder ein Hilfsmittel, um seinen Stil, seine Laune oder seine Ansicht mitzuteilen. Das gilt allerdings für alle Kopfbedeckungen. Eine Cap verleiht einem sofort ein sportliches Image und ein Kopftuch ein traditionelles oder Bohemian-Aussehen, je nachdem, wie man es trägt.

8. Man sollte unbedingt mehr Hüte tragen, da es zurzeit keine guten Schuhe gibt ;)

IRMA trägt einen Hut
von Jacquemus.

IRMA in einem Outfit
von Prada.

IST DAS VON…?

Diese Frage muss man heute wohl nicht mehr stellen, wenn man die Freundin in einem neuen Outfit sieht,
auf dem in großen Buchstaben der Markenname prangt. Selbst Menschen mit Sehschwäche und wenig Modeverständnis
wissen auf einen Blick, um welche Marke es sich handelt.

Ich mische gern Marken-Teile mit small Brands oder
No Name.

IRMAs TIPPS, WIE MAN AM BESTEN MIT LOGOS UMGEHT:

1. Kaufen Sie nur Teile Ihrer Lieblingsmarke ohne sichtbares Logo.

2. Entscheiden Sie sich für Stücke aus einer Kollektion, die das Potenzial haben, Icons zu werden. Diese Teile legen an Wert zu.

3. Accessoires mit Logo sind okay, sofern sie schon immer das Logo als Designelement hatten, zum Beispiel das H auf der Constance-Tasche von Hermès.

4. Manche Logos lassen sich abtrennen, aber Vorsicht, damit nichts kaputt geht. Es zeugt auf jeden Fall von einem konsequenten Stil.

5. Wenn schon, denn schon. Manchmal gibt es Tage, da möchte man es einfach nur so krachen lassen, auch in der Wahl des Outfits und des Logos. Why not?

Aber möchte man wirklich sofort als Dior- oder Gucci-Fan geoutet werden? Setzen die Entscheider in den großen Häusern nur noch auf ein schnell erkennbares Marketing mit Logo-Mania? Wer Freude daran hat, dem sei es gegönnt, doch ich frage mich, brauche ich das tatsächlich?

Wie kleide ich mich aber dann am besten, damit die Marke nicht meinen persönlichen Stil dominiert? Wie viel eigene Kreativität bringe ich bei der Zusammenstellung meines Outfits mit, und wie weiß ich, welche Teile für mich am kleidsamsten sind?

Man hat schon immer den Stil der unterschiedlichen Modehäuser sofort erkannt. Denke ich an Ketten und Bouclé-Stoff, kommt mir gleich Chanel in den Sinn, und bei geometrischen Mustern und experimentellen Materialien denke ich an Prada. Jede Kollektion entwickelte sich weiter, ohne diese Aspekte zu verlieren. Es gab sogar Zeiten, da war es chic, den Total-Look einer Marke zu tragen. Denken Sie nur an Chanel in den 60er-Jahren oder Helmut Lang Ende der 90er.

Heute werden Klassiker und beliebte Kleidungsstücke wie Sweatshirts und Tanktops mit Logos versehen, und voilà, das It-Piece der Saison ist da.

POOL POSITION

Eigentlich ist es ganz einfach, sich für den Urlaubsaufenthalt am Pool oder Strand anzuziehen.
Man braucht im Grunde ja nicht viel. Und doch gibt es ein paar Tipps, damit man
sich sofort wohlfühlt, auch wenn man noch nicht gebräunt und mental ganz angekommen ist.

Strand und Pool sind die perfekten Orte, um auffallende Muster und Farben zu tragen. Körbe und
Leinentaschen versetzen einen sofort in Ferienlaune.

WO BIN ICH?

Informieren Sie sich über die jeweiligen Beach Clubs und Strände, bevor Sie Ihre Koffer packen. Handelt es sich bei Ihrem Ferienziel eher um einen einsamen Strand oder einen angesagten Beach Club? Dementsprechend können Sie das Passende einpacken.

STRAND-BOUTIQUE

Gibt es Boutiquen in der Nähe des Strandes, die für einen besonderen Stil stehen, oder Händler, die am Strand zum Beispiel Schmuck oder Tücher verkaufen? Man fühlt sich gleich wohler im Urlaub, wenn man etwas vor Ort Gekauftes trägt, das zu einem passt.

RICHTIG ANGEZOGEN

Das gilt auch am Strand. Welcher Badeanzug oder Bikini ist besonders vorteilhaft? Diese Frage sollten Sie sich schon zu Hause stellen. Achten Sie auf gutes Stretchgewebe, bei hohen Temperaturen eher dünn und beispielsweise auf Sylt fest. Hochwertige Verarbeitung und Passform sind entscheidend, denn der Bikini macht die Figur. Farben sind ebenfalls wichtig. Kräftige Farben kommen am besten auf gebräunter Haut zur Geltung, und gedeckte Farben oder Streifen können blasser Haut schmeicheln.

STRAND-ACCESSOIRES

Dazu gehört Schmuck, etwa aus Bakelit, Gold, Silber oder Perlen. Zu viel ist meist nicht angebracht, es sei denn, es gehört zu Ihrem persönlichen Stil. Ein farbiger Armreif kann bereits den gesamten Look perfekt machen. Achten Sie immer darauf, ob Sie den Schmuck im Meer oder Pool tragen können, ohne dass er dadurch beschädigt wird.

HUT AUF

Hüte sind ideal, um sich vor der Sonne zu schützen und gleichzeitig ein Statement zu setzen. Dabei gilt es, die richtige Kopfbedeckung für den Strand und das jeweilige Wetter zu finden. Caps sind bei windigem Wetter perfekt, und große Hüte sollten entweder mit einem Band oder einer Klammer befestigt werden oder nur bei Windstille Eindruck machen.

WOHLFÜHLEN IN SEINER HAUT

Am wohlsten fühlt man sich immer, wenn etwas bequem ist, zu einem passt und gleichzeitig ein ganz bisschen besonders ist, und das gerade im Urlaub. Es ist eine gute Zeit, um etwas Neues auszuprobieren, etwa eine andere Farbe oder ein extravagantes Muster, oder mit unterschiedlichen Accessoires zu spielen.

IRMA trägt
einen Badeanzug
von Erès.

IRMA mit
antikem Schmuck.

ALLES GLÄNZT

Schmuck ist eine sehr persönliche Angelegenheit.
Meistens kauft man ihn sich ja mittlerweile selbst, obwohl ein Erbstück oder ein Geschenk
von der großen Liebe natürlich etwas ganz Besonderes ist.

Beim Schmuck ist alles erlaubt. Es gibt zwar auch da jede Menge Trends, doch am schönsten ist es, wenn man seinen Schmuck persönlich zusammenstellt und so kombiniert, dass er immer wieder anders wirkt.

Die Mischung macht es aus: Verbinden Sie Echtschmuck mit Modeschmuck, Gold mit Silber oder Perlen und Edelsteine. Je ungewöhnlicher die Mischung, desto persönlicher Ihr Stil.

Farbige Steine, ob Karneole, Türkise oder Jade, kann man wie Farbakzente im Make-up einsetzen. Es gibt Steine, die einen zum Strahlen bringen. Das hat etwas mit der Hautpigmentierung zu tun. Also am besten Farben ausprobieren, denn je nach Jahreszeit wirken sie anders auf der Haut.

Die Haptik auf der Haut ist sehr wichtig. Wie fühlt sich ein goldener Armreif an oder hängende Chandelier-Ohrringe. Man muss den für sich richtigen Schmuck tragen. Steine, die das Wohlbefinden stärken und einen glücklich machen. Ja, es ist tatsächlich möglich, dass Schmuck auf längere Frist der Psyche guttut und die Stimmung deutlich hebt.

Antiker Schmuck ist für mich noch immer etwas sehr Besonderes, vor allem wenn man ihn mit neuen Designerstücken mischt. Das ist wie mit alten Möbeln, die für eine bestimmte Zeit stehen und schon von einer anderen Person genutzt wurden. Die Stücke – ob Möbel oder Schmuck – haben damit ein individuelles Vorleben.

Ist weniger mehr oder etwa doch nicht genug? Das muss jeder für sich entscheiden.

Oben von links nach rechts:
– Modeschmuck von IRMASWORLD.
– Possession-Ring und -Armreif von Piaget.

Unten von links nach rechts:
– Klassisches Design von Boucheron.
– Vintage-Armreif von Cartier.

BAG LADY

Taschen sind mittlerweile entweder Investmentstücke oder ganz einfache Teile aus Materialien
wie Korb, Bast, Jute oder Canvas, die zu jedem Anlass getragen werden können.
Da kann jeder entscheiden, welche Gruppe er bevorzugt. Ich finde, die Mischung macht es aus.

Von links oben nach links unten:
– Handbemalter Korb von IRMASWORLD, Orange.
– Vintage-Bugatti und Miu Miu, circa 2016.
– XL-Korb in Melides.
– Handgemachte Canvas-Bag mit Stoff von La Maison
  Pierre Frey aus der Jasmin Khezri Collection.
– Schuhe von Gucci, Mini-Clutch von Tory Burch.

Man darf grundsätzlich nicht sehen, dass eine Tasche neu ist. Sie sollte getragen wirken, benutzt und, wenn möglich, auch nicht aus der neuesten Kollektion stammen.

Vintage-Taschen, egal ob von einem Designer oder „no name", sind immer eine gute Wahl. Da früher die Taschen wertiger waren und mit der Hand genäht wurden, kann man sich meist an der Handwerkskunst und Machart erfreuen. Wenn es um die It-Bags von Hermès, Chanel oder Dior geht, dann ist ein Vintage-Stück sowieso stets zu empfehlen.

Taschen sollte man nie verkaufen, denn jedes Modell kommt irgendwann wieder in Mode. Und es ist wie bei gutem Wein: je älter, desto besser.

Damit man sich auch nach vielen Jahren über seine Taschen freuen kann, ist es sinnvoll, diese, wenn sie nicht getragen werden, mit Seidenpapier auszustopfen, Ketten und Reißverschlüsse zusätzlich mit Seidenpapier einzupacken und die Tasche in einem Dust Bag in der passenden Schachtel oder einem Karton zu archivieren. Ein Foto auf dem Deckel verrät den Inhalt, sodass man schnell das Passende wiederfindet.

Tasche oder lieber doch nicht? Warum nicht das Handy als Clutch am Abend in der Hand halten, das zeugt von Lässigkeit, Spontaneität und sieht sportlich aus. Kreditkarten und Geldscheine bringt man in der Handyhülle unter, und die Lippen pflegt man vorher reichlich zu Hause.

Taschentrends machen Spaß, aber man sollte seine Tasche unbedingt so auswählen, dass sie zu einem passt. Damit meine ich auch die Größe. Es sieht zwar vielleicht interessant aus, wenn eine große Frau eine Minitasche in der Hand hält, aber funktioniert das genauso bei einer kleinen Frau mit XL-Tasche? Die Proportionen sollten gewahrt sein und die Tasche mit Statur und Outfit harmonieren.

DIE BESTEN
ONLINE-VINTAGE- UND
PRELOVED-SHOPS:

SACLÀB, REBELLE, Re-SEE,
FARFETCH – PRE-OWNED, StockX

IRMA mit mehreren Taschen
von Mehry Mu, Istanbul.

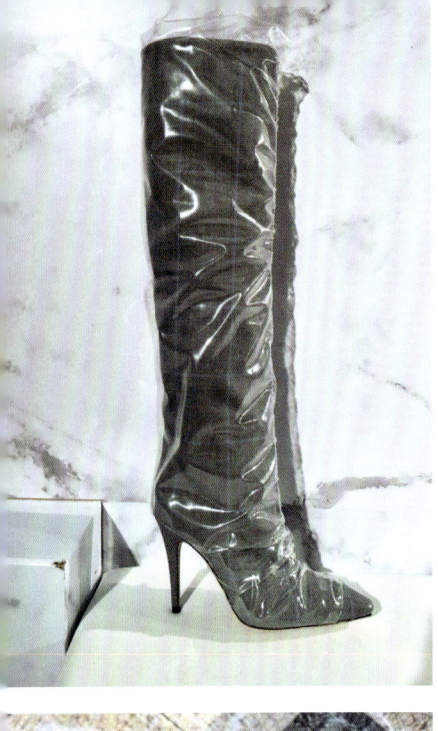

ALLES FÜR SCHUHE

Von allen Dingen in meinem Kleiderschrank faszinieren mich meine Schuhe am meisten. Eine Zeit lang mussten sie immer irgendein ungewöhnliches Detail aufweisen und vor allem auffallen. Heute finde ich es spannender, mit Klassikern zu kombinieren, und natürlich sollten sie weiterhin durch Schönheit bestechen. Doch mittlerweile weiß ich auch, dass sie gerne bequem sein dürfen.

DIESE SCHUHE SOLLTE MAN BESITZEN:

SOMMER
Flipflops oder Slide Ons, flache und hohe Sandalen, Bast- oder Kork-Absatzschuh für besonders heiße Tage, Canvas Sneaker, Nylon Sneaker, hoher Mule-Schuh, Clogs und Sommer-Loafer aus leichtem Leder oder Leinen.

WINTER
Gefütterter Gummistiefel, Winterstiefel mit Lammfell, Lammfell-Birkenstock oder -Clog, Leder-Loafer, Chelsea Boot, Oxford-Schuh, eng anliegender Lederstiefel, dunkler Abend-Pump, Leder-Sneaker.

AUF REISEN
Tragen Sie auf der Reise immer das schwerste und größte Paar Schuhe, so sparen Sie Platz und Gewicht im Gepäck. Stopfen Sie Ihre Pumps mit Strümpfen aus, dadurch bleiben sie in Form und dienen gleichzeitig als Stauraum. Mules oder Slipper kann man ineinanderstecken, dazu den einzelnen Schuh in Seidenpapier wickeln. Schuhe mit Seidenpapier ausstopfen anstatt mit Schuhspannern, damit der Koffer nicht zu schwer wird.

DRESSCODE-SCHUHE
Meiner Meinung nach gibt es da keine Regeln, auf jeden Fall heute nicht mehr. Sneaker zum Abendkleid, Birkenstocks zum Vintage-Chanel-Kostüm, Männer-Oxfords zum Sommerkleid – alles ist möglich. Die Hauptsache ist, dass man in seinen Schuhen einen guten, geraden, aufrechten Gang hat und der Schuh das Bein optimal kleidet. Plattforms und Wedges sollte man nur mit schmalen Fesseln tragen, und insbesondere kleine Frauen sollten bei hohen Absätzen die Proportionen im Auge behalten. Ein zu hoher Absatz lässt einen schnell zu klein wirken.

IRMAs SCHUHTIPPS

KALTE FÜSSE
Nehmen Sie einen Föhn und föhnen sie Ihre Schuhe ein paar Minuten heiß aus. Bei Fellschuhen wird die Wärme besonders lange gespeichert.

QUIETSCHENDE SOHLEN
Sohlen mit etwas Babypuder bestreuen. Achtung: nicht bei Wildlederschuhen!

ZU KLEINE SCHUHE
Befeuchten Sie Seidenpapier leicht und stopfen den Schuh so weit es geht damit aus. Oder tragen Sie feuchte Tennissocken und laufen sie damit in den Schuhen herum. Auch Schuhspanner lassen sich sehr gut zum Weiten einsetzen. Fragen Sie am besten Ihren Schuster nach der richtigen Spanngröße und einem Spezialspray.

Von links oben nach rechts unten:

– Jimmy-Chor-Stiefel, Hermès, Prada, IRMASWORLD für Converse.
– Salvatore Ferragamo, Miu Miu, Loewe, Prada.
– Hermès, Jimmy Chor, Bottega Veneta und Canvas-Bag von Jasmin Khezri Collection, Christian Dior.

PFLEGE

Es ist sinnvoll, seine Schuhe zu pflegen, denn wenn sie von guter Qualität sind, werden sie durch das Tragen von Mal zu Mal bequemer und schmiegen sich besser an den Fuß. Daher sollte man die Schuhe nach dem Tragen immer erst mit Zeitungspapier ausstopfen, sodass die Feuchtigkeit entzogen wird, und sie dann mit passenden Schuhspannern lagern.

Falls die Sohle nass geworden ist, den Schuh entweder zum Trocknen auf ein Gitter stellen oder so hinlegen, dass die Sohle frei liegt. Niemals an die Heizung stellen.

GUT FÜR SIE UND DIE UMWELT

Je besser Sie Ihre Schuhe pflegen, desto seltener brauchen Sie neue. Aber natürlich müssen Sie nicht auf aktuelle Schuhtrends verzichten und keine weiteren Exemplare mehr kaufen. Daher empfehle ich, Schuhe, die man nicht mehr trägt, in Seidenpapier und passenden Kartons einzulagern. Bei Stoff- oder Seidenschuhen zusätzlich einen Mottenschutz hineingeben. Da alles, was mal angesagt war, irgendwann wieder in Mode kommt, brauchen Sie nur ein wenig Geduld und können sich dann auf das Original freuen, wenn der Trend erneut aufploppt. So praktizieren Sie Nachhaltigkeit und haben immer den adäquaten Schuh vorrätig.

INSPEKTION

Schauen Sie sich Ihre Schuhe gut an und lassen Sie immer den Teil reparieren, der es am nötigsten hat. Da ein Schuh aus vielen verschiedenen Teilen besteht, ist das relativ einfach. Vielleicht muss eine Naht erneuert werden, die Schuhspitze neu eingefärbt oder der Schuh besohlt werden. Braucht die Innensohle Verstärkung oder eine Filzsohle für die kalten Wintertage? Fragen Sie Ihren Schuster, wie Sie Ihren Lieblingsschuh erhalten oder noch schöner machen können. Oder vereinbaren Sie einen digitalen Termin mit Therestory.com in London, damit aus alt noch schöner wird.

CITY-LOOK
IRMA weiß, dass man
auch in Daunenjacke
eine gute Figur
machen kann. Spielen
Sie mit Proportionen:
schmale Taille, breite
Schultern, skinny legs.

ICH FRIERE NIE!

Das ist natürlich nicht wahr, aber je mehr ich von Kleidung verstehe, desto besser nutze ich sie. Der Trick ist, sich mit der Kleidung dem Wetter anzupassen. Und damit Sie immer richtig gekleidet sind, habe ich ein paar Empfehlungen.

LAND

Gummistiefel auf nackter Haut oder mit kratzenden Wollsocken – man kennt das Gefühl. Der Gummi klebt, und die Sohle des Stiefels lässt einen jeden Stein spüren. Was hilft: eine Lammfellsohle mit Schaumstoffverstärkung oder Seidenstrümpfe, die nur bis zum Knie gehen. Overknees aus Merino oder Kaschmirwolle sind auch eine gute Option.

BEIM WANDERN SCHNELL ZU HEISS UND ZU KALT

Die meisten Outdoormarken nutzen atmungsaktive Stoffe, die leider auf der Haut oft unangenehm zu tragen sind. Daher ist ein klassisches weiches Baumwoll-T-Shirt als Basis am besten. Kurzärmelige Baumwollpullover oder Kaschmirpullunder und eine Strickjacke mit schmalem Arm sind in puncto Wärme besonders effektiv und bilden mit einer wasserfesten Jacke darüber gute Outdoorkleidung.
Der Trick ist, mit Strickteilen, Manschetten, Stulpen und Schals den Körper so zu wärmen, dass es für einen persönlich angenehm ist.

KALTE NÄCHTE

Trotz Flanellpyjama kann es auf dem Land nachts sehr kalt sein. Eine Wärmflasche wirkt da Wunder, um nicht mit kalter Nasenspitze einzuschlafen. Wenn man keine hat, einfach das Bett vor dem Schlafengehen mit einem heißen Föhn vorwärmen.

STADT

In der Stadt zieht man sich anders an. Mit Funktionskleidung die Bond Street entlangzulaufen geht nur, wenn man morgens auf dem Weg in den Hyde Park ist, um zu joggen. Ansonsten verwende ich im Winter lediglich unsichtbare Funktionskleidung, etwa feine Skiunterwäsche unter einer Seidenbluse. Auch gut: Thermostrümpfe im Stiefel, wenn ich auf eine Strumpfhose verzichten möchte, oder Seidenunterkleider, die wärmen.

VIEL HAUT

Das gilt auch für jeden, der abends gerne Haut zeigt, egal ob im Winter oder Sommer. Versuchen Sie gezielt, einige empfindliche Körperteile mit Wärme zu versorgen, zum Beispiel Füße oder Nieren, so können Sie andere Stellen, etwa das Dekolleté, eher freier tragen. Auf diese Weise balancieren Sie Ihre Körpertemperatur aus, und es wird Ihnen nicht so schnell zu kalt.

WENN ES REGNET

Meistens möchte man lieber auf einen Schirm verzichten, da man sowieso schon zu viele Dinge in der Hand hält (Handy, Tasche, Hundeleine etc.), daher ist eine gute Kopfbedeckung bei Regen sinnvoll, besonders wenn man lange oder naturkrause Haare hat.
Ein Seiden-Foulard unter einer Baseball-Cap wirkt doppelt effektiv. Die Seide glättet das gewellte Haar, und die Cap schützt vor Regen und Feuchtigkeit. Das Gleiche funktioniert auch mit einem gewalkten Filzhut oder Regenhut.

HOHE ODER FLACHE SCHUHE

Machen wir es den New Yorkern nach und tragen Turnschuhe, um von A nach B zu gelangen, aber in der Handtasche befinden sich immer ein paar Lieblingsschuhe, die kurz vor dem Ziel zum Einsatz kommen. Zu beachten ist bei den Turnschuhen eine perfekte Sohle oder Einlage, die den Weg zur Beinübung macht. Manche Sohlen sind so konzipiert, dass sie den Fuß in perfekter Art abrollen lassen, und ein Orthopäde kann Einlagen erstellen, die sogar den Gang und die Haltung während des Laufens optimieren. So sind Sie nicht nur sportlich unterwegs, sondern verbessern Ihren Gang.

WETTERWECHSEL

In London gehört das zur Tagesordnung: Man verlässt das Haus bei Sonnenschein und kommt am Abend bei Regen zurück. Da hat der Macintosh-Regenmantel seinen Ursprung. Ich habe deshalb zur Sicherheit immer Baumwoll-sohlen oder Füßlinge bei mir, falls die Füße kalt werden. Wählen Sie ein Cape anstatt eines Mantels. Wenn es warm wird, können Sie das Cape offen tragen, bei kälteren Temperaturen binden Sie es mit einem Gürtel um die Taille zu, sodass der Wind abgehalten wird. Baumwollpullover sind oftmals besser als Kaschmir- oder Woll-pullover, denn sie kratzen nicht und sind auch bei warmen Temperaturen angenehm.

IM WINTER OHNE STRUMPFHOSE

An sich gibt es nichts Schöneres, als wenn man einen Tweed-Rock mit Stiefeln trägt und nur das nackte Bein herausblitzt. Damit einem die kühlen Temperaturen nichts anhaben, einfach eine hautfarbene Strumpfhose je nach Rocklänge abschneiden und in den Stiefeln warme Stümpfe anziehen. Ihr Knie wird die kalte Luft dann nicht mehr stören, und Sie frieren nicht.

AUF REISEN

Verringern Sie die negativen Auswirkungen von Klimaanlagen im Flugzeug, indem sie einen großen Seiden-Foulard um Ihren Kopf und Oberkörper schlingen. Der Foulard schützt Sie nicht nur vor der Kälte, sondern verhindert auch, dass Ihre Haut austrocknet, wenn sie vorher befeuchtet wurde.

MASKE UND AUGENSCHUTZ

Mittlerweile ist es üblich, dass man mit Schutz-maske reist. Nehmen Sie aber eine befeuchtende Maske, diese wirkt hautschonender und ist besser für die Atemwege. Die Augen sollte man mit einer Brille schützen. Nicht nur vor den reflektie-renden Strahlen, sondern auch vor der trockenen Luft im Flugzeug.

SLEEP WEAR

Wer etwas Gemütlichkeit beim Schlafen genießen möchte, dem empfehlen wir einen Hoodie aus weichem, aber dickem Baumwollstoff oder Frottee, denn dieser wirkt gleichzeitig als Decke und Kissen. Eine Schlafmaske und Ohrstöpsel schützen vor Licht und Lärm.

ALPIN-LOOK
IRMA trägt einen Skianzug
von Monclair. Wenn auch
die Tarnfarben im Schnee
nicht wirken – ein Outfit in
einer Farbe schmeichelt der
Figur und streckt.

Spielen Sie mit Proportionen. Das ist nicht nur ein Hingucker, sondern stellt Sie in den Mittelpunkt, ohne dabei laut zu sein, wenn die Farben gedeckt sind. Außerdem kann man mit dem Einsetzen von unverhältnismäßigen Proportionen die Körperverhältnisse und die Figur optimal verändern.

Welches Kleidungsstück oder Accessoire ist mein Markenzeichen? Wer eines hat, bleibt besser in Erinnerung, hinterlässt einen prägenden Eindruck und gerät nicht in Vergessenheit. Das wussten schon die Stilikonen der Geschichte. Man denke nur an die Frisuren von Marilyn Monroe oder Kleopatra. An ikonische Looks von Kate Moss, etwa auf einem Festival in Gummistiefeln und kurzen Shorts. Iris Apfel mit XXL-Brille und Kim Kardashian mit Bondage-Tops und Spandex-Leggings.

Nutzen Sie Ihre Kleidung, um Ihr Markenzeichen, Ihre Vorlieben, Ihren Job oder was immer Ihnen wichtig ist, zum Ausdruck zu bringen, denn Fashion eignet sich perfekt dazu.

WIE FINDE ICH DAS KLEIDUNGSSTÜCK ODER ACCESSOIRE,
das meinen Stil ausmacht?

1.

Was habe ich, das andere nicht haben, bzw. welcher Teil meines Körpers oder Gesichts könnte mein Markenzeichen werden? Meine Augen, meine Beine, ein Leberfleck, die Haare … Stellen Sie sich diese Frage und nutzen Sie die Antwort als Basis für Ihren persönlichen Stil.

2.

Die Kunst besteht darin, sein Markenzeichen zu finden und dann zu unterstreichen. Probieren Sie es einfach aus: Spielen Sie mit Farben, Accessoires und Formen. Oft dauert es ein bisschen, bis man sich ganz sicher ist und der Stil sich eindeutig entwickelt hat.

3.

Welche Farbe ist meine persönliche Farbe? Früher hat man sich bei Farben nach Trends gerichtet, heute ist alles erlaubt, und es geht nicht nur nach aktueller Mode. Wichtig ist eher, wie einem die Farbe steht, in welche Gemütslage sie einen bringt und was man damit zum Ausdruck bringen möchte. Schwarz-Weiß symbolisiert Avantgarde, Kunst, Freigeist. Heute sind es knallige Farben, oftmals Prints, oder einfach nur versal gedruckte Logos, die gefühlskalt eine Message bezüglich Preis und Geschmack verkünden. Eine Art Clubmitgliedschaft.

4.

Denken Sie an Vorbilder. Der Pony von Audrey Hepburn, die blonden Haare der Deneuve, das Dekolleté von Penelope Cruz, Sonnenbrille und Bob-Frisur von Anna Wintour oder die geföhnte Mähne von Melania Trump – all diese Personen haben ihren Stil gefunden und nie verändert.

5.

Bleiben Sie Ihrer Linie treu, denn nur wenn man konsequent ist, kann sich ein persönliches Markenzeichen ausbilden.

6.

Justieren Sie je nach Alter fein nach. Das ist möglich, ohne dabei seinen Stil zu verändern. Natürlich ist es unpassend, wenn Kate Moss mit 80 Jahren noch Denim-Hot-Pants trägt, aber die Gummistiefel und ihre von der Sonne aufgehellten Strähnen können ihr Markenzeichen bleiben.

7.

Achten Sie bei Farben, egal, ob es um Make-up oder Kleidung geht, immer darauf, dass sich beim Älterwerden Haarstruktur und Hautfarbe verändern. Daher sollte man immer die ganze Erscheinung sehen und entsprechend anpassen. So wirkt etwa ein roter Lippenstift auf junger Haut anders als auf reifer Haut und zu grauem Haar.

Punkte und Streifen stehen für Klassik und Eleganz. Ein Streifen wirkt immer dynamisch und jung. Polka Dots sind lieblich, mädchenhaft und verspielt. Es sei denn, Rei Kawakubo von Comme de Garcon hat Sie inspiriert.

FARBE EFFEKTIV EINSETZEN

Farben senden eine Message, ob man will oder nicht. Wer Farbe trägt, wird nicht nur stärker wahrgenommen, sondern übermittelt dem Betrachter gleichzeitig eine Nachricht, eine Stimmung oder seinen Stil. Ich mag es sehr, wenn man Farben kombiniert, die an sich gar nicht zusammenpassen und dann doch gemeinsam funktionieren.

DAFÜR GIBT ES EIN PAAR HILFREICHE TRICKS:

1.

Richten Sie sich nie nach Farbtrends, denn Farben sollte man individuell für sich aussuchen. Wie wirkt die Farbe mit der eigenen Haar- und Hautfarbe. Hebt sie das Gesicht hervor, oder macht sie blass …?

2.

Passt der Farbton zu der Atmosphäre und dem Wetter? Es war zwar mal ein Trend, neonfarbene Skikleidung im Schnee zu tragen, aber eigentlich hat das gestört und die Harmonie der Natur zu sehr beeinträchtigt. Nehmen Sie also bitte Rücksicht!

3.

Auch die Menge der Farbe ist wichtig. Wenn ich starke Farben minimal einsetze, ergibt das einen anderen Look, als wenn ich großflächige Farben oder ein ganzes Outfit in einer Farbe wähle. Ein schmaler roter Gürtel auf einem braunen Wintermantel strahlt Wärme und gleichzeitig Raffinesse aus. Trage ich von Kopf bis Fuß verschiedene Rottöne, habe ich gleich ein präsenteres Auftreten. Es symbolisiert Mut und Kreativität, denn es ist auf den ersten Blick ungewöhnlich für das Auge des Betrachters.

DER VORTEIL EINES ALL-OVER-FARBLOOKS

Durch das Zeichnen bekommt man ein gutes Gefühl für die Körperproportionen. Irgendwann habe ich das an mir selbst ausprobiert und mich gefragt, wie ich meine Figur optimal durch Kleidung und Farben unterstützen kann. Trage ich zum Beispiel eine grüne Hose und nehme dazu grüne Schuhe, verlängere ich optisch mein Bein. Wichtig dabei ist, dass es nicht genau der gleiche Grünton ist. Die Mischung aus verschiedenen Nuancen einer Farbe macht einen All-over-Look viel interessanter. Außerdem ist man schneller und leichter angezogen, denn die Frage, was zu Grün passt, stellt sich erst gar nicht. Ich trage diese einheitlichen Looks gerne im Winter, dann ist mein Hautton blasser und das Winterlicht verzeiht es weniger, wenn man zur falschen Farbe greift. Darüber hinaus ist es immer ein gutes Gefühl, von Kopf bis Fuß in seine Lieblingsfarbe gehüllt zu sein.

SCHWARZ & WEISS

Für mich ist das eine klassische Kombination, immer elegant, egal ob man diese beiden Farben mischt oder separat trägt. Ich finde aber, dass beide Farben besondere Accessoires brauchen. Nicht unbedingt farblich dominante Accessoires, aber sie sollten – egal ob Schmuck oder Tasche – die Stärke von Schwarz und Weiß hervorheben. Gold etwa macht Schwarz sehr elegant und Weiß mit Braun wirkt natürlich. Weiß mit Rosé kann schnell kitschig wirken, es sei denn, das Accessoire, zum Beispiel eine besondere Ledertasche, wird dazu kombiniert, dann ist die Farbe Weiß die Leinwand für das Accessoire.
Rot und Schwarz senden sofort die Message von Lust und Liebe, egal wie das Tenue aussieht. Manche Farben tragen einfach eine Bedeutung in sich.

Von links oben nach rechts unten:

– Schwarz und Gold ist die eleganteste Farb-Mischung.
– Tasche und Schuhe von Hermès.
– Handbemalter Korb von IRMASWORLD und ein Oberteil in psychedelischem Print von Polo Ralph Lauren.
– Unsere erste handgemachte Strickjacke aus organic cotton, mit Wollresten gehäkelt, bunt und nachhaltig.

– Yves-Klein-Hose aus unserer Jasmin Khezri Collection mit einem handgestrickten Gürtel in Kirschenoptik.
– Orange und Rosé, inspiriert von Yves Saint Laurent.
– Welkende Blumen haben meist die schönere Farbe.
– Ein Outfit aus der Jasmin Khezri Collection – all green.

– Die Arbeit mit Farbe inspiriert mich für das Anziehen am Morgen.
– Lederhandschuhe von Hermès.
– Wenn sich Farbtöne beißen und doch passen …
– Meine Illustrationen male ich gern mit Wandfarbe von Farrow & Ball.

MODE & KREATIVITÄT

Das Schönste an der Mode ist die Inspiration und das Neue, das immer wieder daraus entsteht.
Mit IRMASWORLD haben wir die Möglichkeit, auf verschiedenen Ebenen Mode bzw. Kampagnen
und Kollektionen umzusetzen.

Als wir 2020 mitten in der Pandemie waren, hatten wir mit IRMASSTUDIO die Herausforderung, einen Event via Zoom für Tory Burch in München auszurichten.

Da die Kollektion aus typischen farbenfrohen Prints bestand, kam die Idee auf, einen Workshop live zu schalten, in dem wir mit den Kunden virtuell Weihnachtskarten erstellten. Im Grunde nicht ganz virtuell, denn jeder Teilnehmer bekam eine Box mit Schere, Papieren, Kleber und Kartonagen und gestaltete bei Champagner und Weihnachtsgebäck à la Tory Burch selbst. Es war faszinierend zu beobachten, wie selbst Teilnehmer, die meinten, kein künstlerisches Talent zu haben, in den Prozess des Gestaltens vertieft waren. Das hat mir gezeigt, dass Kreativität sehr glücklich macht.

– Jasmin trägt ein Outfit aus der Tory-Burch-Holiday-Kollektion Winter 2020. Dazu die passende Illustration *(rechts)* für die Einladung zum Weihnachts-Event in München.

KREATIV SET *(rechts oben, links unten, rechts unten)*
– Farbiger Karton, Tory-Burch-Accessoires und Weihnachtsgebäck, entworfen von IRMASWORLD und umgesetzt von Alexa von Harder in München.

IRMA trägt die Holiday-
Kollektion 2020
von Tory Burch.

DRESSING ROOM

Um lange Freude an seiner Garderobe zu haben, muss man sie hegen und pflegen. Es hilft außerdem, wenn man den Überblick behält, nicht alles doppelt kauft, Dinge, die man nicht trägt, in Boxen verstaut und seinen Kleiderschrank ab und an sortiert.

AUFBEWAHRUNG

Manche Taschen und Schuhe sind so schön, dass man sie einfach immer wieder anschauen möchte und nicht in Stoffsäcken verstauen will. Trotzdem sollten sie nicht direktem Sonnenlicht ausgesetzt sein und ab und an abgestaubt werden.

SCHUHE

Seidenpapier ist perfekt, um Schuhe auszustopfen. Achten Sie darauf, dass Riemchen und Spangen so verpackt sind, dass sie nicht an Form verlieren und möglichst locker in der Box liegen. Wer wenig Platz hat, kann die Schuhe auch in einzelnen Schuhsäcken mit unterschiedlich langen Schnüren an Bügel hängen. Bewahren Sie alle Originalboxen auf, so haben Sie einen besseren Überblick und können später Dinge gut wieder auf Vintage-Plattformen verkaufen.

KLEIDERSCHRANK

Nutzen Sie die Innenseiten Ihres Kleiderschrankes als Moodboard mit Ihren Lieblings-Looks. Oder bringen Sie Haken an der Tür an, an die Sie Accessoires, Gürtel oder Schals hängen. So sparen Sie Platz und sehen alles auf einen Blick.

LOOKS

Hängen Sie Ihre Lieblings-Looks zusammen. Werden sie über einen längeren Zeitraum nicht getragen, empfehle ich Leinen-Kleidersäcke anstatt Plastik, denn so ist der Stoff mit Luft versorgt und gleichzeitig vor Licht geschützt.

TASCHEN

Taschen gehören in Stoffsäcke, auch wenn dann die Gefahr besteht, den Überblick zu verlieren, welche Taschen man besitzt. Machen Sie sich ein kleines Booklet mit Fotos von all Ihren Taschen, geordnet nach Größe, Umhängetaschen, Shoppern … So können Sie sich zu jedem Outfit die passende Tasche aussuchen.
Nicht getragene Taschen zur Aufbewahrung am besten mit Seiden- oder Zeitungspapier füllen.

FRISCH & LUFTIG

Jedes Teil, das getragen wurde, sollte erst in den Kleiderschrank, wenn es über Nacht gelüftet und falls nötig gedämpft wurde, sodass man gleich wieder hineinschlüpfen kann. Dadurch spart man morgens viel Zeit beim Anziehen. Seifenverpackungen oder spezielle Sprays verhelfen zu einem angenehmen Geruch. Zudem empfiehlt es sich, regelmäßig frische Lavendelsäckchen in den Schrank zu hängen, damit gefräßige Motten keine Chance haben.

Ganz links, von oben nach unten:
– Prada, Miu Miu, No Name.
– Wedges von Hermès.
– Handgemachter Korb von IRMASWORLD.

Links:
– Elfenbeinfarbene Tasche von Jil Sander, Autofahrer-Handschuhe und Lippenstift von Hermès.

TEXTILPFLEGE

Um nachhaltig zu leben, ist es wichtig,
die Dinge, die man besitzt, gut zu pflegen.

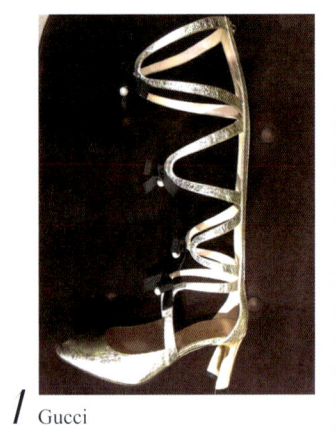
1 Gucci

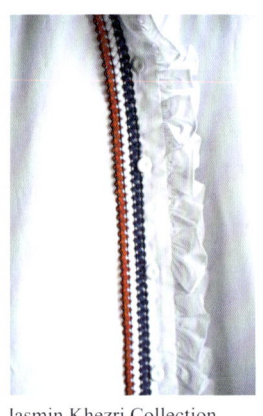
2 Jasmin Khezri Collection

3 Miu Miu

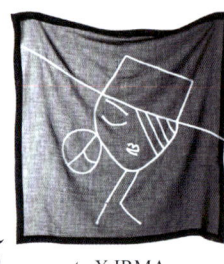
4 Tory Burch

5 casa nata X IRMA

6 Tabitha Simons

7 Miu Miu

1
Fleckige Lederschuhe
Halbieren Sie eine Zwiebel und reinigen Sie
mit der Zwiebelhälfte den Schuh bzw. entfernen
Sie die Flecken. Danach den Schuh zum Lüften
rausstellen und dann mit einem Lappen
nachpolieren.

2
Bunte Stickereien bügeln
Ein weißes mit Essig befeuchtetes Tuch auf
die Rückseite der Stickerei legen und Stoff
heiß auf der Rückseite bügeln. So bleiben die
Farben leuchtend.

3
Regenflecken auf Taschen
Die Flecken erst trocknen lassen, dann
ausbürsten und mit verdünntem Salmiak
ausreiben.

4
Farbige Seide waschen
Farbige Seide in lauwarmem Wasser mit Seifen-
schaum waschen. Zum Schluss einen Teelöffel
Zucker in das Wasser geben. So bleibt die Seide
lange farbintensiv. Dann Stoff ausdrücken und
zum Trocknen aufhängen. Bügelfeucht zwischen
weißes Seidenpapier legen und von der Rückseite
her bügeln.

5
Schwarze Stoffe bügeln
Immer nur auf der Rückseite bügeln, danach
erscheint das Schwarz umso intensiver.

6
Stoffschuhe reinigen
Nehmen Sie einen Topfschwamm und
säubern Sie den Schuh mit einer Seifenlauge.
Dann den Schuh mit Papier ausstopfen und
trocknen lassen.

7
Lackschuhe reinigen
Reiben Sie die Schuhe mit Speiseöl ein und nehmen Sie eine halbe Zwiebel, um nachzureinigen,
so glänzen die Schuhe wieder.

8
Baumwolle ohne Bügeleisen glätten
Das trockene Hemd auf einem Bügel an einer
Duschvorhangstange aufhängen und den Vorhang
schließen. Das Wasser der Dusche heiß aufdrehen
und etwas laufen lassen. Durch den heißen
Wasserdampf verschwinden die meisten Falten.

MODE
verliert nie an
WERT

Mode kann auch eine Wertanlage sein.
Manchmal lohnt es sich, in Trends oder Brands
zu investieren. Denn eines ist sicher:
Alles hat irgendwann ein Comeback, und das
ist meistens mit Wertsteigerung verbunden.

LOHNENSWERT

Diese Stücke in meinem Kleiderschrank werden garantiert an Wert gewinnen. An sich ist es ganz einfach: Entweder man investiert in einen Klassiker, zum Beispiel ein Paar Chanel-Schuhe, in ein Stück Modegeschichte wie die letzte Kollektion von Karl Lagerfeld für Chanel, in einen Klassiker, für die das Label steht, etwa das taillierte Jacket 30 Montaigne von Dior, oder in eine Artist-Kollaboration. Wer klein anfangen möchte, beginnt am besten mit It-Accessoires.

IN MEINEM KLEIDERSCHRANK:
Von links oben nach rechts unten:

– Kaschmir-Cardigan von Chanel, 2020, Resort-Kollektion.
– Holzsandalen von Chanel, circa 2011.
– Seidenbluse von Yves Saint Laurent, circa 1972.

– Das New-York-Graffiti-T-Shirt, ein Sammlerstück aus der Cruise Collection, 2019.
– 30 Montaigne, eine Version des Klassikers von Christian Dior, von 2019.
– Perlenkette mit Perlen-Dahlie von Chanel; handbemalter Korb von IRMASWORLD, Sommerkollektion 2009.

Handgestrickter Pullover und Preloved-Rock von Dior in einem typischen Toile-de-Jouy-Stoff. Den Mix aus Handgemachtem und High Fashion finde ich interessant.

5 KRITERIEN NACHHALTIGER MODE

Daran erkennen Sie, ob das Kleidungsstück,
das Sie kaufen möchten, nachhaltig produziert ist.

1. Ressourcenschonende Herstellung.
2. Materialien aus Bio-Rohstoffen.
3. Regional produzierte Kleidung.
4. Recycling und Upcycling.
5. Gute Arbeitsbedingungen und fairer Handel.

SECHS FRAGEN, DIE MAN SICH BEIM KAUF VON KLEIDUNG STELLEN SOLLTE:

1.

Wer hat das produziert?
„Made in ..." auf dem Etikett bedeutet oftmals nicht allzu viel. Schon wenn ein kleiner Teil der Herstellung in dem Land stattfindet, darf man es so kennzeichnen. Daher sollte man lieber die Frage stellen, wo der größte Teil produziert wird und wie die Produktionsbedingungen sind. Dana Thomas, European Sustainability Editor von der britischen *Vogue*, hat dazu ein fantastisches Buch geschrieben: „Unfair Fashion, der hohe Preis billiger Mode".

2.

Welche Materialien wurden verwendet?
Bei den heutigen Warenströmen wird auch die Zuordnung des Herkunftslandes nicht einfacher. Oft werden die Rohstoffe bzw. Rohprodukte vermischt, sodass die Herkunft schwer zu erkennen ist. Das gilt auch für sogenannte Bio-Produkte. Versuchen Sie zu erfahren, wo die Bio-Materialien herkommen, wie hoch der Wasserverbrauch bei der Produktion ist und wie die Transportwege aussehen. Je weniger „Zutaten" ein Produkt hat, desto purer und unbelasteter ist es.

3.

Ist der Preis gerechtfertigt?
Zu billig kann nie fair sein. Irgendeiner zahlt immer. Ein hochwertiges Kleidungsstück aus wertvollen Materialien hat einfach seinen Preis. Ein Kleid für 19,99 EUR kann nicht fair produziert werden, nicht mal in Indien.

4.

Wie offen ist das Label?
Idealerweise sollte die Marke auf ihren Etiketten die Herstellungsländer und die Wege kennzeichnen. Also nicht nur die Zusammenstellung des Materials, sondern auch, wo und wie produziert worden ist. Die Darstellung der Lieferkette sollte den Aufwand und den ökologischen Footprint des Produktes aufzeigen. Man kann natürlich auch die Produktionsstätten von Modefirmen im Internet recherchieren und wird dann womöglich überrascht sein, dass unterschiedliche Firmen (z. B. Premium & Luxury) häufig bei denselben Manufakturen fertigen lassen.

5.

Kann man das Stück öfter als 30 Mal nutzen?
Als Käufer eines Kleidungsstückes kann man maßgeblich zur Nachhaltigkeit beitragen. Eine Textilie gilt als nachhaltig genutzt, wenn man diese mindestens 30 Mal trägt. Das setzt voraus, dass man seine Sachen pfleglich behandelt und möglichst gute Qualität kauft. Lieber weniger und dafür besser.

6.

Was mache ich mit dem Kleidungsstück, wenn ich mich von ihm trennen möchte?
Mittlerweile gibt es viele Plattformen, auf denen man seine getragenen Kleider weiterverkaufen kann. Das gibt einem ein gutes Gefühl, da ein anderer sich über das Kleidungsstück freut. Das gilt natürlich auch für Charity-Shops und Kleider-Container. Wenn allerdings ein Kleidungsstück durch Motten zerlöchert oder kaputt ist, sollte man nach Dingen schauen, die man eventuell noch anderweitig nutzen kann, so etwa schöne Knöpfe von einer Bluse oder Reißverschlüsse von Hosen und Jacken, sofern sie noch funktionieren. Auch Bänder, Schleifen, Borten oder Stickereien können wiederverwendet werden.

CARMEN HAID

Die aus Österreich stammende Modeunternehmerin spricht mit IRMA über ihre Leidenschaft für Vintage-Mode. Sie hatte lange Jahre die In-House-PR für Yves Saint Laurent, Celine und Tommy Hilfiger geleitet, bevor sie das ATELIER MAYER gründete, eine Onlineplattform für Vintage-Luxusmode.

IRMA: Du bist Modeunternehmerin und hast 2008 das ATELIER MAYER gegründet. Schon sehr früh hast du eine Geschäftsidee rund um Vintage entwickelt, bevor Vintage ein Trend war. Wie bist du auf die Idee gekommen?
CARMEN HAID: Die Idee entstand, weil ich mit dem Gedanken aufgewachsen bin, nachhaltig zu leben. Österreich war das erste Land der Welt, in dem es Strafen gab, wenn man nicht richtig recycelt hat. Nachdem ich Ende der 90er-Jahre mehr als ein Jahrzehnt in der Luxusmodebranche gearbeitet hatte, wurde ich Zeuge eines äußerst exzessiven Verhaltens: Designer ließen Rosen aus Argentinien für eine 20-minütige Laufstegshow in Europa einfliegen, weil sie die perfekte Farbe der Saison hatten, Luxusmarken vernichteten ihre überschüssigen Bestände, anstatt sie zu recyceln, und all diese Fast-Fashion-Einzelhändler tauchten aus dem Nichts auf und boten eine Million Produkte zu sehr günstigen Preisen an … Die Liste geht weiter. Es musste sich etwas ändern, und ich wusste, dass die Art, wie wir Mode konsumieren, nicht nachhaltig ist. Seit meiner Kindheit bin ich eine begeisterte Sammlerin von Vintage-Mode und -Objekten und war in den 70er- und 80er-Jahren mit meiner Mutter auf Flohmärkten und in Wohltätigkeitsläden unterwegs. Mit dem Aufkommen des E-Commerce gab es in Europa keine gute Lösung für den Onlineverkauf von luxuriöser Vintage-Mode, also gründete ich atelier-mayer.com mit der Idee, über den Tellerrand hinauszuschauen und ein Beispiel für nachhaltigen Stil zu geben.

IRMA: Warum ist Vintage die nachhaltigste Art, Mode, Lifestyle und Interieur zu konsumieren?
CARMEN HAID: Wir leben in einer Welt der Überproduktion und des Massenkonsums, daher ist die Kreislaufwirtschaft heute die einzige nachhaltige Form des Konsums. Mehr denn je müssen wir unsere Auswirkungen auf die Umwelt reduzieren. Eine der effektivsten Möglichkeiten, dies zu erreichen, ist die Investition in vorhandene Qualitätsstücke statt in neue Artikel. Gute Vintage-Stücke sind oft handgefertigt und langlebig, also nachhaltig und können viele Jahre lang

genutzt werden. Reduzieren, wiederverwenden, recyceln, wiederholen!

IRMA: Mit deiner Homepage hast du eine sehr persönliche Plattform geschaffen, um Vintage-Luxusmode wie Dior, Saint Laurent, Chanel usw. zu verkaufen. Warum ist eine persönliche Note in der digitalen Welt so wichtig, und was sind eure Mittel, um sie digital zu schaffen?
CARMEN HAID: In unserer sich immer schneller entwickelnden Welt der Technologie ist die persönliche Note so wichtig. Man muss in der Lage sein, ein Gefühl zu vermitteln. Es geht um multidisziplinäre Kommunikation, auf und abseits des Bildschirms. Es geht darum, die Sinne mit Produkten, Bildern, sozialen Medien und Kundenservice zu füttern und die Extrameile zu gehen, um ein besonderes, positives, überraschendes und einzigartiges Erlebnis auf allen Ebenen zu bieten. Luxus ist heute Zeit, Qualität und die Liebe zum Detail.

IRMA: Du warst eine treibende Kraft, als es darum ging, Vintage in die Kaufhäuser zu bringen. Und das zu einer Zeit, als die Leute Vintage nur als gebrauchte Kleidung aus zweiter Hand ansahen. Wie hast du Vintage zu etwas Exquisitem gemacht?
CARMEN HAID: Indem ich Vintage einen neuen Dreh gab.

IRMA: Die wichtigsten Dinge, die du beim Kauf von Vintage-Produkten berücksichtigst?
CARMEN HAID: Ich achte auf Originalität, Qualität und Vielseitigkeit.

IRMA: In welche Vintage-Plattformen und Marken würdest du heute investieren?
CARMEN HAID: In Mode: THANX GOD I'M A VIP, Shrimpton Couture, Resee.

IRMA: Trägst du jeden Tag Vintage? Und wie macht man einen Vintage-Look zeitgemäß?
CARMEN HAID: Ich trage und benutze jeden Tag etwas im Vintage-Look: Möbel, Geschirr,

Objekte, Kleidung, Schmuck, Accessoires, und ich halte es modern, indem ich es mit zeitgenössischen Stücken mische und kombiniere.

IRMA: Was verbirgt sich hinter dem kürzlich gegründeten ATELIER MAYER?
CARMEN HAID: Bei ATELIER MAYER geht es darum, das Leben so schön wie möglich zu gestalten, und zwar auf eine ganz besondere Weise. ATELIER MAYER wurde mit dem Pioniergeist der Sezession wiederbelebt, für den es bekannt ist, inspiriert von meiner verstorbenen Großmutter Klaudia Mayer, einer österreichischen Haute-Couture-Näherin, die ihr Atelier 1927 während der Wiener Sezession gründete – einer Bewegung, die von Malern, Grafikern, Bildhauern, Keramikern und Architekten wie Josef Hoffmann, Egon Schiele und Gustav Klimt geprägt wurde. Von besonderem Einfluss ist das Werk der Wiener Werkstätte, die 1903 von einer Gruppe ausgewählter Handwerker mitbegründet wurde und den Grundstein für die Moderne legte. Ihre geometrischen Formen waren ein radikaler kultureller Wandel und standen in starkem Kontrast zu den floralen Mustern der damaligen Zeit. Die Werkstatt produzierte alles von Möbeln, Keramik, Textilien bis hin zu Glas- und Metallarbeiten. Der neue Internetauftritt von ATELIER MAYER bietet eine raffinierte Auswahl an seltenen Vintage-Designs für Heim und Lifestyle. Die Kunden haben außerdem die Möglichkeit, maßgeschneiderte Stücke zu kaufen, die von Kunsthandwerkerinnen in unserem Atelier in Marrakesch hergestellt werden. Durch die Zusammenarbeit mit diesen Frauenkooperativen möchte ATELIER MAYER Tradition und Handwerkskunst zelebrieren und die von Generation zu Generation weitergegebenen Techniken aufrechterhalten. ATELIER MAYER bringt Spontaneität und Überraschung zurück in das Einkaufserlebnis und präsentiert Lösungen für einen verantwortungsvolleren Lebensstil mit weniger Wegwerfware und mehr Vintage.

Folgen Sie uns auf Instagram:
@atelier.mayer

Carmen Haid
trägt Vintage von
Vanda Jacintho.

IRMA im
Vintage-Look.

MEIN VINTAGE-LOOK

Eines ist sicher: Vintage und Preloved-Kleidung werden in Zukunft eine immer größere Rolle spielen. Ist es nicht oftmals so, dass man von Kleidung aus vergangenen Zeiten Geschichten ableitet? Nicht nur Fashion History, sondern die Kleidung wird zum Zeitzeichen. Kleidung erinnert an Momente, an Launen, an politische Ereignisse, und wenn ein wenig Zeit vergangen ist, erblüht die Nostalgie, und wir assoziieren das Kleidungsstück mit einem großen Gefühl. Für mich gewinnt jedes Stück in meinem Kleiderschrank an Wert, je länger ich es habe. Ich trage an sich fast jeden Tag ein Vintage-Teil, nie einen ganzen Look, da ich der Meinung bin, dass man aufpassen muss, nicht nach Vintage auszusehen. Mischt man ein Vintage-Teil mit einem neuen Lieblingsstück, bekommt der gesamte Look eine gewisse Lässigkeit und wird interessant.

Von links oben nach rechts unten:

– Vintage-Tasche um 1940 mit neu eingehäkeltem Detail aus der Jasmin Khezri Collection.
– Gelbe Bluse von Celine, circa 1978, und Prada-Tasche, 2016.
– Vintage-Seidenkleid, circa 1970, mit Hermès-Tasche, 2018.
– Moschino-Hose, 1988, blaues Hemd aus der Jasmin Khezri Collection, 2022, handknitted Bag von IRMASWORLD.

– Prada-Bluse, 1999, Prada-Rock, 2014, Prada-Tasche, 1998, Prada-Schuhe, 2020.
– Marc-Jacobs-Strickjacke, 1997, Louis-Vuitton-Rock, 2003, Prada-Wedges, 2012.
– Chloe-Bluse und -Seidenhose, 2006, Manolo-Blahnik-Mules, 2000, Vintage-Tasche.

Didier Ludot im
Palais Royale, meine
Lieblingsadresse
in Paris. Monsieur
Ludot war einer der
Ersten, der Vintage
wieder begehrens-
wert gemacht hat.
Ich trage Schuhe
von Prada, 2005,
Jacke von Valentino,
Knickerbocker von
Sportmax, Tasche
von Prada, 2004,
und eine Brille von
Chloe, 1978.

IRMA trägt einen
Mantel von Yves
Saint Laurent,
ca. 1983, gefunden
auf 1stDibs.

VINTAGE-
Check

Was zunächst wie ein Modetrend schien, ist mittlerweile eine beliebte Art geworden, Mode nachhaltig zu konsumieren. Es macht nicht nur Spaß, nach außergewöhnlichen Vintage-Teilen zu schauen, die eventuell noch an Wert gewinnen; man fühlt sich bei der Anschaffung zudem gut, denn alles, was lange Bestand hat, hat eine gute Ökobilanz. Damit Sie Freude an Ihrer Vintage-Mode haben, sollten Sie allerdings einige Dinge berücksichtigen.

KNÖPFE & REISSVERSCHLÜSSE
Achten Sie auf funktionierende Reißverschlüsse und Knöpfe aus guter Qualität.

MOTTEN
Hat ein Teil Mottenlöcher, rate ich vom Kauf ab. Halten Sie das Kleidungsstück gegen das Tageslicht, so können Sie die Löcher am besten entdecken und auch sehen, ob der Stoff an manchen Stellen verschlissen oder zu dünn ist.

VINTAGE-CHECK-UP
Vintage-Mode muss mindestens 20 Jahre alt sein, sonst handelt es sich um Preloved-Stücke. Man erkennt ein Vintage-Teil an der Machart und an den Stoffen, manchmal ist auch das Garn leicht von der Sonne oder vom Waschen verblasst. Knöpfe, Bänder und Details spielten früher eine noch größere Rolle als heute, daher weisen Vintage-Teile oft eine Vielzahl davon auf, und gerade die Knöpfe sind sehr besonders.

ONLINE-VINTAGE-SHOPPING
Wer online auf einer Plattform oder auf Ebay kauft, sollte sich mit dem Käufer über das Teil austauschen. Stellen Sie alle wichtigen Fragen, etwa, wie die Bordüren, Säumungen und Nähte des Kleidungsstücks beschaffen sind. Wo kommt es her etc.

WIE FINDE ICH DIE PASSENDE PLATTFORM ODER DEN RICHTIGEN VINTAGE-SHOP?
Folgen Sie in den sozialen Medien Shops, Vintage-Liebhabern, Händlern oder Bloggern, die für ihre Vintage-Looks bekannt sind, oder Auktionshäusern, um über neueste Produkte im Bilde zu sein. Gute Vintage-Teile sind oftmals schnell vergriffen, aber wenn man fokussiert sucht, kann man meist schneller agieren.
Wer noch nie ein Vintage- oder Preloved-Teil gekauft hat, sollte auf jeden Fall erst einmal in einen entsprechenden Shop gehen und sich in Ruhe alles anschauen. Vintage-Shops sind heute häufig so aufgemacht wie luxuriöse Boutiquen.

BENUTZEN SIE GOOGLE
Um genau das zu finden, was Sie suchen, ist diese Suchmaschine ideal, denn so können Sie weltweit Angebote ausfindig machen.

EINE WERTANLAGE?
Wer Vintage als eine Art Investment sieht, der sollte unbedingt gut recherchieren, bevor er sich zum Kauf entscheidet. Es macht aber auch großen Spaß, in Charity-Shops oder kleinen Vintage- und Secondhand-Märkten zu stöbern. Dort bekommt man für wenig Geld schöne, aber nicht unbedingt wertsteigernde Stücke.

LIEBLINGSJAHRE
Wann war Ihr liebster Fashion-Moment? Die 50er-Jahre mit Caprihosen und spitzen Ballerinas? Die 70er mit ausgestellten Hosen und Kork-Wedges, die 80er mit viel schwarzer Spitze à la Dolce & Gabbana oder die 90er-Jahre mit schlichtem Tanktop von Helmut Lang? Wer sich seiner Lieblingsära bewusst ist, kann besser suchen und finden. Gibt man zum Beispiel 70er-Jahre ein, stößt man schnell auf die Designer dieser Zeit wie Charles Jordan, Chloe by Karl Lagerfeld, Sonia Rykel. Und so findet man gleich Inspiration für das nächste Must-have.

10
Vintage Adressen

Bei diesen Adressen lohnt es sich, den Newsletter zu abonnieren und den Anbietern auf Instagram zu folgen. So entdeckt man unter Umständen außergewöhnliche Stücke, die Klassiker sind oder es werden und die einen persönlichen Stil ausmachen.

1.
**VINTAGE LOVE,
MÜNCHEN**
@vintagelove
Große Auswahl an Dirndln und Trachten. Gürtel und Accessoires, im Winter Pelze.

2.
**CAVALLI E NASTRI VINTAGE,
MAILAND**
@cavallienastri
Von Yves Saint Laurent bis Chanel. Worldwide Shipping. Drei Geschäfte in Mailand.
Ganz alte Sammlerstücke von 1920 bis zu neuen Stücken, Vintage-Inspiration für Stylisten und Medien. Für Frauen und Männer.

3.
**MADAME PAULINE VINTAGE,
MAILAND**
@madamepaulinevintage
Vintage-Shop und Research-Archive. Kooperation mit Valentino Vintage. Haben auch eine eigene Kollektion. Man findet dort besondere Sachen wie ein Dior-Couture-Dress von 1952. Sie waren Gastgeber für den Valentino Vintage Pop-up während des Salone del Mobile im Juni 2022.

1.
**NORDIC POETRY,
LONDON**
@nordicpoetry
Vintage ganz anders dargestellt. Super Onlineshop. Für Frauen und Männer. Hier leihen sich Stylisten und Fotografen gerne Samples für Fotoshootings. Jede Menge 90er-Jahre-Stücke. Viel Versace und Jean Paul Gaultier. Der Shop in London hat nicht den typischen Secondhand-Look.

5.
**THE VINTAGE DRESS,
TOKIO**
@the_vintagedress
Wunderschön aufgemachter Vintage-Laden mit viel Licht und großzügigen Räumen. In Shibuya gelegen, einem eher untypischen Viertel für Vintage. Teil der Valentino-Vintage-Kooperation.
High-Quality-Vintage aus Europa. Sehr alte Sachen und viel aus den 50er- bis 80er-Jahren. Die Verkäufer wissen einiges über die Geschichte der Mode und teilen das gerne mit ihren Kunden.

6.
**THANX GOD I AM A VIP,
PARIS**
@thanxgodiamavip
Für Frauen und Männer. Gucci, Celine, Yves Saint Laurent, Bottega Veneta … Gibt es seit 1994 und ist ein Pionier in Paris. Hat auch ein Café. Die Ware ist nach Farben sortiert.

7.
**VIVI LENZ VINTAGE,
BERLIN**
@vivilenzvintage
Kleine Vintage-Luxusboutique in der Nähe des Berliner Kudamms. Große Auswahl bei Tee und dunkler Schokolade für die Kunden. Ein Gefühl von Monte Carlo.

8.
1STDIPS online
@1stdibs
Möbel, Kunst, Schmuck und Mode. Von Rolex bis Chanel. Gibt es auch als App. Mehr als eine Million Objekte. Direktkauf oder Auktion möglich. Privatleute können nicht verkaufen, nur Fachleute.

9.
IRMAS ARCHIVE online
@irmasarchive
Selektion von Vintage- und Preloved-Stücken aus IRMAs Kleiderschrank, teilweise geerbt oder über die Jahre gesammelt. Accessoires, Schmuck und Prêt-à-porter.

10.
**WHAT GOES AROUND COMES
AROUND, NYC**
@whatgoesaroundnyc
Weltweite Institution mit verschiedenen Filialen. Die New Yorker Boutique kommt einem Luxusgeschäft sehr nahe. Sehr übersichtlicher Onlineshop.

IRMA in einem Outfit
von Miu Miu.

The minute you think that the past was
better, your present is second hand,
and yourself becomes vintage – it's okay
for clothes not that great for people.

Karl Lagerfeld

Die Designerin
und Unternehmerin
Tory Burch.

TORY BURCH

Die amerikanische Mode Designerin und Unternehmerin ist nicht nur weltweit für ihre Mode bekannt, sondern auch für die Stärkung der Frau als Unternehmerin. Sie erfindet sich ständig neu, ohne ihrer Linie untreu zu sein. Ihr Unternehmen passt sie den Krisen und Gegebenheiten unserer Zeit an, so wie sie auch ihren Fähigkeiten für verschiedene Berufungen stets freien Lauf gelassen hat, bevor sie 2004 Tory Burch als Unternehmen gründete.

IRMA: Wie wichtig ist Ihrer Meinung nach die Kreativität in unserem täglichen Leben?
TORY BURCH: Ich glaube, dass man jeden Tag kreativ sein kann, in allem, was man tut – von der Art, wie man sich kleidet, bis zu dem, was man liest, oder der Farbe, mit der man seine Wände streicht. Es geht darum, neugierig zu sein und überall Inspiration zu finden, selbst an den unwahrscheinlichsten Orten. Meine Kreativität wird durch Reisen, Musik, Bücher, Menschen, die ich auf der Straße treffe, und so vieles andere mehr gefördert.

IRMA: Ihr Unternehmen hat viele Kategorien, von Mode über Wohnen bis hin zu Tory Sport. Glauben Sie, dass Activewear ein noch größerer Teil unserer Garderobe werden wird?
TORY BURCH: Die Mischung aus Sport- und Konfektionskleidung ist sicherlich kein Trend, sondern die Art, wie sich die Menschen heute kleiden. Frauen interessieren sich nicht mehr für „Regeln", sie mischen High und Low, Vintage und Neu und tragen einfach das, was ihnen ein gutes Gefühl gibt.
Dieser Trend wird sich fortsetzen, vor allem nach den letzten Jahren. Jetzt erwarten wir Komfort und Leichtigkeit in unserer Kleidung.

IRMA: Wie schaffen Sie den Spagat zwischen Kreativität/Ästhetik und dem Führen eines Unternehmens?
TORY BURCH: Mein größtes Kapital ist mein Team, einschließlich meines Mannes Pierre-Yves Roussel, den ich davon überzeugen konnte, 2018 unser CEO zu werden. Pierre-Yves hat eine erstaunliche Perspektive auf das Geschäft und die Kreativität, und mit ihm als CEO habe ich Zeit, mich ganz auf Design und Produkt zu konzentrieren. Die letzten Jahre waren eine echte kreative Neuerfindung für mich, und meine Kollektionen sind viel persönlicher geworden. Ich habe jetzt die Zeit und den Raum, meine Kreativität zu erforschen und darüber nachzudenken, wie ich unsere Kollektionen weiterentwickeln möchte.

IRMA: In den heutigen unsicheren Zeiten müssen Designer in der Lage sein, schnell zu reagieren, umzuschwenken und gleichzeitig ihren Werten und ihrer Vision treu zu bleiben. Wie haben Sie in den letzten Jahren dieses Gleichgewicht gefunden?
TORY BURCH: Der Schlüssel liegt darin, seine Werte von Anfang an zu erkennen. Wenn man ein klares Ziel hat, das mit allem, was man tut, verwoben ist, kann man besser auf Veränderungen im Makroumfeld reagieren.

Die Stärkung der Frauen ist unser Leitprinzip, das in den letzten Jahren jede unserer Entscheidungen beeinflusst hat. In den ersten Tagen der Pandemie haben wir die Tory Burch Foundation zu einer digitalen Ressource für Unternehmerinnen gemacht, die Beratung zu Krediten und staatlicher Unterstützung benötigten. Bei unseren Kollektionen haben wir uns auf das Wesentliche konzentriert, was wir tun: Produkte zu entwerfen, die Frauen helfen, sich selbstbewusst zu fühlen.

IRMA: Was sind die It-Pieces von Tory Burch, in die jeder investieren sollte, der sich eine Vintage-TB-Garderobe in 20 Jahren vorstellt?
TORY BURCH: Meine Designphilosophie ist einfach: Kleidung sollte schön und mühelos sein, und sie sollte für die Ewigkeit gemacht sein. Dieses Gleichgewicht versuchen wir bei allem, was wir herstellen, zu erreichen – von unserer Lee-Radziwill-Handtasche bis hin zu unserer klassischen Tunika, der Seidenbluse mit Schleife und den Ballettschuhen. Eine Tory-Burch-Garderobe wäre ohne diese Teile nicht komplett – plus einen tollen Tory-Sport-Trainingsanzug.

Zwei gezeichnete Looks
aus der Jasmin Khezri
Kollektion:

Links:
Summer 2022,
Palazzo Leinenhose
und Veste-Tailleur.

Rechts:
Winter 2023,
Taroudant-Kleid
aus Organic-Viscose.

Week end in Miami

IRMA SURFS AT PRAIA DO TONEL, PORTUGAL

TIME TO READ
IRMA WEARS ACNE.

Irma's Tom Dixon BIKE and her Miami for H. Moutfit

AKE SOME MUSIC
IRMA WEARS VINTAGE DOLCE & GABBANA

The summer read goes on

No tights untill november!
shoes: Carven dress: Valentino fur: vintage

Diese
kleinen Skizzen
sind für unterschiedlichste
Auftragsarbeiten
entstanden – oder auch nur
einfach so.

@irmaillustration

Spring 2013 in Paris
Irma wears, Versus bskirt Celine top, Valentino bag
she eats a Candy apple

Irma wears

Prada Spring 2012

Dress by Stella McCartney

WELLBEING

FÜHLT SICH
gut an

Ich habe lange überlegt, wie man dieses Kapitel am besten nennt. Ich finde, der Begriff „Beauty" passt nicht ganz, denn Beauty ist alles und nichts, und an sich geht es schon lange nicht mehr lediglich um Schönheitsideale, sondern um Pflege, Natürlichkeit, Ausstrahlung und Gesamtkonstitution.
Daher möchte ich in diesem Kapitel nicht nur über klassische Hautpflegetipps schreiben, sondern eher darüber, wie man seine Ausstrahlung in Balance hält und mit den Bedingungen der Natur, den persönlichen Makeln und dem Älterwerden Freundschaft schließt.

Simplicity is Elegant and the Most Difficult Thing to Achieve.

Vidal Sassoon

MEINE HAARE

Haare sind für mich sehr wichtig – egal, welche Struktur, Farbe oder Länge sie haben. Das Haar ist die Krone, die man trägt, und sagt sehr viel über die Persönlichkeit eines Menschen aus. Hier sind meine weltweiten Lieblingsadressen von Spezialisten, die nur das Beste für mein Haar tun.

STUDIO MARISOL, Paris

Einer der schönsten Salons weltweit im Palais Royal mit noch zwei anderen Filialen in Paris. Umgeben von handgeknüpften Perücken wird hier Haar gestaltet. Midori arbeitet immer an verschiedenen Kunden gleichzeitig, ein ungewohntes Konzept, das aber Sinn ergibt, denn das Haar verändert sich beim Schneiden, wenn es langsam trocknet. Neben einem guten Haarschnitt gibt es auch Ausstellungen, die sich mit dem Thema Haare beschäftigen. Man lernt viel über sein Haar und darüber, es vorteilhaft zu frisieren. *studiomarisol.com*

JAYNE MATTHEWS, Los Angeles

Ich kenne Jayne nur online über ihre Tutorials, auf die ich während der Pandemie aufmerksam geworden bin, denn sie macht die besten Tutorials zum Thema „Wie schneide ich meine Haare selbst?". Schon nach kurzer Zeit verliert man all seine Bedenken und fängt mit großem Spaß an, seine Haare zu schneiden. Man muss womöglich sogar aufpassen, dass man nicht zu sehr in Fahrt gerät. Jayne hat Salons in Los Angeles und Oakland. *jaynematthews.com*

ANGELO SEMINARA, London

Sie denken über eine neue Haarfarbe nach? Da gibt es nur einen – den Besten: Angelo Seminara. In seinem Londoner Salon am Hans Crescent kreiert er die schönsten Farben. Sein Salon erinnert auch eher an ein Studio als an einen Friseur. Seine Passion ist es nicht nur, das Haar durch Farbe perfekt zum Träger passend zu machen, sondern, es durch Glanz zum Leben zu erwecken. *angeloseminara.com*

RAMI ALALIF, Dubai

Der Salon Mounir Professional im Jumeirah Emirates Tower in Dubai steht für außergewöhnliches Können. Machen Sie einen Termin bei Rami, und Sie werden begeistert sein, was mit Ihrem Haar passiert. Wenn es auch nur eine Tönung ist, er ist ein Meister, ein Magier, wenn es um Haare geht. *@rami.alalif*

THOMAS KEMPER FRISEURE, München

Brauche ich Farbe, gehe ich zu meinem langjährigen Freund Thomas Kemper, der meine Naturkrause auch schon auf meiner Hochzeit gebändigt hat. *kemper.com*

DER TÜRKISCHE SALON

Egal, wo Sie gerade sind: Suchen Sie einen türkischen Salon auf, wenn Sie nur schnell Waschen und Föhnen benötigen. In München gehe ich gerne zu Kobi Coiffeur, einer Kette, die es auch in Stuttgart und Frankfurt gibt. Hier bekommt man neben der Haarwäsche noch türkischen Tee serviert. *kubi-coiffeur.de*

DIESE TOOLS
sollten Sie zu Hause haben

1   2   3   4

1

BÜRSTE VON VILLA D'ASSIA

Handgemachte Bürste aus Italien, um die
Haare vorzuföhnen oder täglich auszubürsten.
Befreit die Haare von Staub und massiert
gleichzeitig die Kopfhaut.
niche-beauty.com

2

KAMM VON BULY

Zum Durchkämmen nach dem Waschen und um
gestylte Locken länger in Form zu halten.
Buly1803.com

3

BEURRE DE KARITÉ VON BULY

Kakaobutter kann man vor der Haarwäsche
als Pflege und Schmutzlöser nutzen oder
nach dem Brushing als Pflege in die Spitzen
massieren.
Buly1803.com

4

THERMISCHE BLOW-OUT-BÜRSTE
VON AMIKA

Um das Haar glatt zu stylen ohne Frizz. Mit
einem thermischen Keramikzylinder und einem
Ionen-Generator strahlt die Thermalbürste
Ferninfrarotwärme und negative Ionen aus –
für ein schnelleres, gesünderes Styling mit
ultimativ glattem, glänzendem Haar.

Travel Pouch von **IRMASWORLD.**

UNTERWEGS

Nutzen Sie die Zeit auf Reisen, um Ihr Wohlbefinden zu stärken,
sich zu regenerieren und auszuruhen.
Diese Tipps helfen dabei, entspannt am Ziel anzukommen.

1. Natürlich sollte man immer viel trinken, aber achten Sie darauf, auch während eines Fluges warme Kräutertees oder Ingwerwasser zu konsumieren. Durch die Klimaanlage dehydriert und kühlt der Körper aus, sodass man dies ausgleichen sollte. Am besten nehmen Sie sich fertig geschnittene Ingwerscheiben und eigene Kräutertees mit, denn selbst wenn Sie privilegiert fliegen, bekommen Sie im Flieger wahrscheinlich nicht die gewohnte Qualität.

2. Überlegen Sie gut, was Sie vor dem Flug zu sich nehmen. 24 Stunden vorher sollte man auf Kaffee und Alkohol verzichten. Komplexe Kohlenhydrate, Proteine und Vitamin-B-reiche Kost wie brauner Reis, Gemüse, fettreduzierter Käse und Joghurt sorgen für innere Ruhe und Balance. Oder Sie nutzen die Flugzeit für ein Mini-Fasten, so leiden Sie weniger unter Jetlag und können sich besser auf die neue Zeitzone umstellen.

3. Am Tag der Reise sollten Sie Ihr Gesicht nach dem Reinigen mit Serum, Feuchtigkeit und zum Schluss mit einer Cold Cream schützen. Während ich schlafe, bedecke ich mein Gesicht im Flugzeug am liebsten mit einem Schal, das verhindert das Austrocknen der Haut durch die Klimaanlage und schafft dazu etwas Privatsphäre.

4. Vor der Landung sollten Sie ein paar Bein- oder Dehnübungen machen (im WC), um den Kreislauf in Schwung zu bringen.

5. Etwas getönte Tagescreme oder Bronzer lässt sich leicht auftragen und verschafft schnell eine frische Ausstrahlung. Ein Thermalwasserspray ist ebenfalls empfehlenswert: Wenden Sie es mit geöffneten Augen an, dann sind Sie hellwach.

6. Verwöhnen Sie sich mit Ihrem Lieblingsduft (nicht zu viel auftragen, denken Sie an Ihre Nachbarn) und einem leichten Lieblings-Make-up, um sich bei der Ankunft gleich wohlzufühlen.

Von links nach rechts:
– Lidschatten von Tom Ford, Lippenstift von Hermès und Duft von Ormaie Paris.
– Ein Scrunchie von IRMASWORLD.
– Schützen Sie Ihre Haare vor Feuchtigkeit und auf Reisen.

7. Bürsten Sie Ihr Haar während des Fluges, da dies die Kopfhaut anregt und die Durchblutung fördert. Ich habe immer ein Seidentuch dabei, denn auch Haare können während des Fluges stark austrocknen; am besten man bindet sie mit einem Scrunchie zusammen, das beim Schlafen nicht stört, und bedeckt die Haare dann mit dem Tuch.

DR. TIMM GOLÜKE

Dr. Timm Golüke, Dermatologe in München und Gründer der Skincare-Linie Royal Fern, ist viel unterwegs und gibt uns seine Shopping-Liste mit auf den Weg, mit Produkten, die einzigartig und nicht überall erhältlich sind. Also unbedingt vor dem Rückflug aus diesen Städten eine Apotheke oder Drogerie aufsuchen und etwas davon mitbringen.

NEW YORK

Neutrogena Hydro Boost Hyaluronic Acid Serum:
Hyaluronserum ist ein Klassiker in der Hautpflege, denn Feuchtigkeit ist die Basis gesund aussehender Haut. Die wirksame Formel stimuliert die hauteigene Hyaluronsäureproduktion.

CeraVe Renewing SA Cleanser:
Perfekt geeignet für trockene, raue oder unebene Haut. Das sanfte Peeling durch die Salicylsäure sorgt für einen strahlenden Teint und stärkt gleichzeitig die Hautschutzbarriere.

Mario Badescu Drying Lotion:
Der Klassiker, um unliebsamen Pickeln Herr zu werden. Einfach über Nacht auftragen und wirken lassen. Der Mix aus Salicylsäure, Schwefel und Zinkoxid bekämpft Unreinheiten, während Calamine und Kampfer die Haut beruhigen.

LONDON

Elemis Pro Collagen Cleansing Balm:
Innovativer Reinigungsbalsam, perfekt geeignet für das Double Cleansing. Reinigt tiefgehend, nährt gleichzeitig die Haut und macht sie streichelzart.

Amerliorate Transforming Body Lotion:
Eine leichte Körperlotion, die sowohl exfoliert als auch Feuchtigkeit spendet. Die Formel glättet Unebenheiten, macht die Haut weich, schützt sie und versorgt sie 24 Stunden lang intensiv mit Feuchtigkeit. Milchsäure peelt und erneuert die Hautzellen, während sie Feuchtigkeit in die Haut zieht und bindet. Auch geeignet bei *Keratosis pilaris* (Reibeisenhaut).

Rodial Vitamin C Brightening Mask:
Maske mit 5 Prozent Vitamin C und Milchsäure. Bringt müde Haut wieder zum Strahlen und mindert feine Linien und Trockenheitsfältchen. Antioxidantien schützen zudem vor Umwelteinflüssen.

PARIS

Bioderma Sensibio H_2O:
Der Klassiker unter den Mizellenwassern. Sehr gut verträglich, säubert die Haut von Unreinheiten und Schmutzpartikeln, entfernt Make-up von Gesicht und Augen und beruhigt dabei die Haut.

Embryolisee Lait-Crème Concentré:
Ein Klassiker, besonders gut für die kältere Jahreszeit. Die Creme spendet Feuchtigkeit, stärkt und schützt die Hautbarriere. Kann auch als Maske oder für Slugging verwendet werden.

Avene Antirougeurs Day Redness Relief Soothing Cream SPF:
Beruhigt Haut, die zu Rötungen und Trockenheit neigt, und schützt zusätzlich mit einem LSF 30.

ROM

Santa Maria Novella Crema Fluida Relax:
Straffende Körperlotion mit Antioxidantien und Inhaltsstoffen aus der ältesten Apotheke der Welt, der Natur. Sorgt für eine glatte Haut, der Duft entspannt zusätzlich.

Borghese Advanced Fango Active:
Inspiriert von Prinzessin Marcella Borghese, zählt die Marke zu den italienischen Hautpflegeklassikern. Die entgiftende Schlammmaske peelt die Haut und hilft, das Erscheinungsbild der Haut zu verfeinern und Fältchen zu minimieren.

Davines Oi Absolute Beautifying Shampoo:
Das perfekte Shampoo für jeden Tag. Mild, cremig, ideal für alle Haartypen. Die Haare werden geschmeidig, glänzend und voluminös.

SEOUL

LaNeige Lip Sleeping Mask:
Süchtig machendes Lippentreatment! Hochwirksame Antioxidantien nähren und regenerieren trockene Lippen während des Schlafens. Die Formel auf Basis von Hyaluronsäure und Mineralien hinterlässt weiche und angenehm gepflegte Lippen.

Dr. Jart Cicapair Tiger Grass Color Correcting Treatment:
Perfektes Treatment bei unruhiger und geröteter Haut. Enthält Farbwechselkapseln, um Unreinheiten abzudecken und Rötungen zu neutralisieren. Regeneriert müde Haut für einen leuchtenden Teint. Die Formel enthält Tigergras *(Centella asiatica)*, das die Heilung von Entzündungen und Reizungen unterstützt.

Peach & Lily Glass Skin Refining Serum:
Pfirsichextrakt, Niacinamid, ostasiatischer Berg-Yam, Madecassosid, Peptide und Hyaluronsäure helfen dabei, die Haut sichtbar mit Feuchtigkeit zu versorgen, zu beruhigen, aufzuhellen und zu straffen. Die Haut wird gut gepflegt und hat den perfekten Glow.

Dr. Timm Golüke
in seiner Praxis in der
Maximilianstraße in
München.

IRMA kleidet sich so,
dass sie sich wohlfühlt.

SICH WOHLFÜHLEN
in seiner Haut

Man erkennt es schon an der Haltung, an den Augen, dem Blick und an der Art,
wie jemand redet: Fühlt sich der Mensch wohl in seiner Haut? Da helfen auch kein Make-up
oder Schönheits-OPs, äußere Schönheit kann den Seelenzustand nicht übertünchen.
Daher empfehle ich, folgende Punkte im täglichen Umgang mit sich selbst zu beachten:

1. Entwickeln Sie eine Routine für Ihren Tag, die Woche und das Jahr. Egal, ob Sie viel unterwegs sind oder die Tage sich ähneln: Rituale helfen einem, den Tag zu strukturieren und auch im Falle von Problemen weiterzumachen, selbst wenn man meint, es geht nicht mehr.

2. Pflegen Sie Ihren Geist genauso wie Ihren Körper. Wer nur Sport treibt und nichts für seinen Kopf tut, hat die gleichen Probleme wie jemand, der lediglich am Schreitisch sitzt und sich nicht bewegt.

3. Die Luft zum Atmen ist das Elixier unseres Wohlbefindens. Verbringen Sie so viel Zeit wie möglich draußen und in der Natur. Mit dem Fahrrad in die Arbeit zu fahren ist stressfreier, als das Auto zu nutzen, außerdem sind die Gedanken freier, wenn man sich bewegt, statt nur zu sitzen.

4. Bleiben Sie im Fluss. Die Balance zwischen Ruhe und Aktivität muss jeder Mensch selbst für sich herausfinden. Es gibt keine Regeln, aber wer genau auf sich achtet, der weiß, was ihm guttut.

5. Ein gutes und glückliches Äußeres muss natürlich von innen entstehen, dazu tragen die oben genannten Punkte bei; aber Kleidung und Make-up helfen selbstverständlich ebenso. Nicht nur, um sich in seiner Haut wohlzufühlen, sondern auch, um so zu wirken, wie man es möchte. Siehe dazu das Kapitel Fashion.

Von links nach rechts:
– Gibt es etwas Schöneres, als in der Sonne zu lesen? Es entspannt den Geist und beflügelt die Seele – genauso wie ein Ausritt oder ein Spaziergang am Meer.

6. Wer in einem harmonischen Umfeld lebt, strahlt das aus. Achten Sie daher auf ein angenehmes soziales Leben, schöne vier Wände und umgeben Sie sich vor allem mit Menschen, die Ihnen guttun und Sie zum Lachen bringen.

SUSANNE KAUFMANN

Ich habe Susanne Kaufmann das erste Mal in ihrem Retreat in Bezau kennengelernt.
Ein Ort, an dem das Wohlbefinden im Mittelpunkt steht,
um die Gesundheit mit ganzheitlichen Behandlungen zu unterstützen.

IRMA: Was hat dich bewogen, dich mit Naturkosmetik zu beschäftigen?
SUSANNE KAUFMANN: Ich bin im Bregenzerwald in den österreichischen Alpen aufgewachsen. Als ich 1994 die Leitung unseres Hotels Post in Bezau übernommen habe, war es eines meiner ersten Anliegen, eine moderne Spa-Destination aufzubauen, die sich die Fülle der Natur des Bregenzerwaldes zunutze macht und gleichzeitig einen starken Fokus auf Behandlungsergebnisse und Effizienz legt. Ich wollte einen Ort schaffen, an dem das Wohlbefinden im Mittelpunkt steht, um die Gesundheit mit ganzheitlichen Behandlungen zu unterstützen.
Um dies zu gewährleisten, hatte ich die Idee, eine eigene Pflegereihe zu entwickeln, ursprünglich auch nur für die Behandlungen im Hotel-Spa gedacht. Ich wollte Produkte kreieren, die wirksam sind, in denen sich die starke Verbindung zur Natur widerspiegelt und die sowohl regional als auch nachhaltig sind. So kam es schließlich im Jahr 2003 zur Gründung der Kosmetikmarke SUSANNE KAUFMANN.

IRMA: Verglichen mit den Gründungsjahren der Marke SUSANNE KAUFMANN, was hat sich in dem Bereich Naturkosmetik verändert?
SUSANNE KAUFMANN: Die Kosmetikindustrie hat sich in den letzten Jahren stark gewandelt. Es geht darum, den Bedürfnissen informierter Kunden gerecht zu werden, die auf der Suche nach effektiven Produkten von Marken sind, die ihrem Lebensstil entsprechen. Das bedeutet, dass Effektivität, Qualität, Authentizität, Vertrauen, Nachhaltigkeit, Integration, Transparenz und Engagement im Mittelpunkt stehen und immer wichtiger werden.

IRMA: Wo wird die Kosmetik hergestellt, und wie wichtig ist nachhaltige Produktion?
SUSANNE KAUFMANN: Seit der Gründung der Marke arbeiten wir bei der Herstellung und Abfüllung mit lokalen Partnern zusammen. Unsere Produktionsstätte liegt nur wenige Kilometer von unserem Firmensitz in Bezau entfernt.
Nachhaltigkeit ist ein weiterer wichtiger Eckpfeiler der Marke. Durch innovative Inhaltsstoffe, verantwortungsvolle und umweltfreundliche Herstellungsprozesse und immer nachhaltigere Produktverpackungen haben wir unseren ökologischen Fußabdruck in den vergangenen Jahren fortwährend verkleinert. Unsere Definition von Luxus bedeutet, heute Produkte zu verwenden und zu genießen, die nicht schädlich für unser Morgen sind.

IRMA: Wie lässt sich bei der stark steigenden Nachfrage der ursprüngliche Ansatz der Marke bewahren?
SUSANNE KAUFMANN: Indem wir Integrität und Transparenz in den Mittelpunkt unseres Handelns stellen. Wir als Marke entwickeln uns ständig weiter, indem wir die neuesten Ergebnisse der Hautpflegeforschung mit effektiven natürlichen Inhaltsstoffen kombinieren.

IRMA: Das Hotel Post in Bezau im Bregenzerwald gehört deiner Familie. Inwieweit reflektiert dieser Ort deine Philosophie?
SUSANNE KAUFMANN: In Österreich sind wir tief in einem nachhaltigen und ganzheitlichen Lebensstil verwurzelt, bei dem die Vorbeugung einen besonderen Stellenwert einnimmt. Ich glaube daran, dass ein ganzheitlicher Ansatz nötig ist, um sich wohlzufühlen und eine optimale Hautgesundheit zu erzielen. Im Hotel Post haben wir ein Konzept entwickelt, das den Fokus auf ausreichend Bewegung, die richtige Ernährung, guten Schlaf, eine positive Einstellung und natürlich auf wirksame Hautpflege legt.

IRMA: Wie sieht die Naturkosmetik in der Zukunft aus?
SUSANNE KAUFMANN: Hautpflege muss sich nicht nur gut anfühlen, sondern auch effektive Ergebnisse liefern und Teil eines Lebensstils sein, der die Hautgesundheit und ihre Schönheit unterstützt. Für uns geht es auch immer darum, die besten neuen Inhaltsstoffe zu finden und diese auf nachhaltige und effiziente Art für unsere Produktformulierungen zu verwenden. Ein weiterer interessanter Aspekt ist der eigene Anbau von Inhaltsstoffen. Das ist eine Idee für die Zukunft unserer Hautpflege.

Susanne Kaufmann
in ihrem Hotel Post
in Bezau.

Bezau im Bregenzerwald.

IRMA: Kannst du mit uns ein Rezept teilen, das der Haut und der Gesundheit guttut?
SUSANNE KAUFMANN: Ein gesunder Lebensstil und eine ausgewogene Ernährung spielen eine wichtige Rolle, denn sie tragen entscheidend zu einem gesunden Körper und schöner Haut bei. Ich esse zum Frühstück zum Beispiel gerne ein Reis-Congee, das spendet viel Feuchtigkeit und hat einen positiven Effekt auf die Haut. In der traditionellen chinesischen Medizin hat Reis-Congee einen festen Platz im Speiseplan. Meistens bereite ich eine größere Menge im Voraus zu, denn der Reisbrei hält sich im Kühlschrank mindestens eine Woche lang.

Ich esse mein Congee auch oft mit frischen Beeren wie Blaubeeren oder Himbeeren, die reich an Antioxidantien sind. Um das Grundrezept etwas aufzupeppen, verwende ich manchmal Gemüse- oder Hühnersuppe anstatt Wasser.

IRMA: Welchen persönlichen Tipp hast du, wenn es um Skin- und Bodycare geht?
SUSANNE KAUFMANN: Die Gesichtsreinigung ist der wichtigste Schritt jeder Pflegeroutine. Ich setze dabei auf Doppelreinigung, indem ich zuerst ein tiefenreinigendes Öl und danach ein klärendes Reinigungsgel auftrage, beide Produkte sanft in die Haut einmassiere und schließlich abspüle. Die Haut fühlt sich danach angenehm weich an und sieht gesund und vital aus. Ohne eine gründliche Gesichtsreinigung ins Bett zu gehen ist für mich ein No-Go, egal, wie müde ich bin.
Bei der Körperpflege berücksichtige ich mein jeweiliges Hautbedürfnis; zum Beispiel verwende ich unsere Körperbutter, sobald sich meine Haut trocken anfühlt. Genauso wie im Gesicht braucht mein ganzer Körper genug Pflege, damit die Haut ihren Feuchtigkeitshaushalt in Balance halten kann. Ich trage das leichte, hocheffektive Hyaluron-Körpergel vor der Körperbutter oder Körperlotion auf. Das tut der Haut in der kalten Jahreszeit besonders gut.

CONGEE

Zutaten
- 250 g Reis – weißer Reis (wie Basmatireis, Jasminreis oder Sushi-Reis) eignet sich ebenso gut wie die Vollkornvariante
- 2,5 l Wasser
- 2 EL Birnenkompott

Zubereitung
Den Reis in ein Sieb geben und mit kaltem Wasser gründlich waschen. Danach Wasser in einem Topf zum Kochen bringen, dann den Reis hinzufügen. Den Topf mit einem Deckel zudecken und den Reis auf der niedrigsten Hitzestufe je nach Präferenz für 2–6 Stunden leicht vor sich hin köcheln lassen. Dabei regelmäßig umrühren. Wenn der Reisbrei zu dick wird, etwas kochendes Wasser nachgießen. Als Ergänzung eignet sich perfekt ein Birnenkompott.

Gemüsegarten im Hotel Post in Bezau.

AM MEER
& mehr sein

Am Meer zu sein macht nicht nur die Haut schön, sondern ist auch eine wunderbare Medizin.
Die Atemwege werden frei, Muskelverspannungen und Gelenkbeschwerden verringern sich, und vor allem
breitet sich schnell ein allgemeines Wohlbefinden aus.

VIER GRÜNDE, UM ÖFTER ANS MEER ZU FAHREN:

1. Meerwasser enthält Kieselsäure, die beispielsweise bei Hautproblemen wie Ekzemen oder Schuppenflechte hilft. Das Salzwasser ist auch immer ein leichtes Peeling für die Haut und versorgt sie mit Nährstoffen und Mineralien.

2. Wind und kühleres Wasser sorgen dafür, dass die Durchblutung angeregt wird. Das gilt zum Beispiel für die Schleimhäute, die sich dadurch besser gegen Infekte wehren können. Das Immunsystem wird aktiviert, hinzu kommt eine entzündungshemmende sowie eine desinfizierende Wirkung des Meerwassers durch das Salz. Dies ist besonders gut für Hautunreinheiten.

3. Das Meer hat eine außerordentliche Wirkung auf die menschliche Psyche: Einige Studien belegen, dass ein Aufenthalt am Meer bei Depressionen hilft und die Stimmung verbessert. Vielleicht kommt das vom Rauschen und der Bewegung des Meeres. Oder überträgt sich das harmonische Zusammenspiel der Natur auf den Menschen?

4. Meerwasser ist reich an Mineralstoffen und Spurenelementen wie Magnesium, Selen, Kalzium oder Jod. Da die Salzkonzentration im Meerwasser höher ist als im menschlichen Blut, nimmt der Körper die Inhaltsstoffe besonders gut auf. Das geschieht vor allem über die Haut.

Von links nach rechts:
– Man kann nicht lang genug im Meer baden, nur Haare und Haut sollten nach jedem Schwimmen mit Wasser vom Salz befreit werden.
– Sonnenschutz ist das Wichtigste am Meer, die positiven Aspekte nimmt man trotzdem mit.
– Das Meer steht für Freiheit und Weite, das überträgt sich auf den Geist.

Verwenden Sie im Sommer ein Shampoo mit
speziellem UV-Schutz, so werden die schäd-
lichen UV-Strahlen abgewehrt, und Ihr Haar
ist bestens vor der Sonne geschützt. Nach dem
Schwimmen im Meer die Haare gut mit Süß-
wasser ausspülen, da sie sonst leicht brechen.
Benutzen Sie während des Sonnenbads Haaröl
und eine Feuchtigkeitsmaske für die Haare
am Abend.

Yoga fürs Gesicht –
einfach immer
wieder lächeln.

RELAX!

Entspannte Gesichtszüge sind nicht selbstverständlich, denn die Gesichtsmuskeln verspannen sich schnell, und das Gesicht verliert dann an Klarheit. Damit das nicht passiert und wir selbst nach einem langen Arbeitstag oder einer stressigen Situation relaxt aussehen, empfehle ich Folgendes:

1

ENTSPANNTE STIRN

Legen Sie die Hände auf die Stirn und halten Sie die Haut fest. Jetzt langsam die Augenbrauen nach oben schieben und dann die Muskeln wieder entspannen. Die Hände halten die Haut flach, damit sich keine extra Falten an der Stirn bilden. Das Ganze 20 Mal wiederholen. Diese Übung ist besonders gut, wenn man abends die Haut reinigt und die Waschcreme unter den Händen gut in die Haut einziehen kann.

2

GUA SHA

In der traditionellen chinesischen Medizin wird der Gua Sha für eine Art Reiztherapie eingesetzt, bei der die Haut mithilfe eines Steins aus Jade oder Rosenquarz ausgestrichen wird. Das regt die Durchblutung an, vermindert Schwellungen und kann das Bindegewebe festigen. Die Gesichtsmuskulatur lockert sich auf und wirkt entspannt.

3

FINGER TIPPEN

Benutzen Sie Ihre Fingerspitzen und klopfen Sie Ihr Gesicht ab. Gehen Sie von der Stirn nach außen, umkreisen Sie Augen und Nase und dann weiter bis zum Dekolleté. Machen Sie diese Übung so lange, wie Ihre Finger es schaffen, dabei atmen Sie ein und kräftig wieder aus. Ihr Gesicht wird durchblutet und warm, Spannungen verschwinden schon nach kurzer Zeit.

4

ENTSPANNT DURCH WÄRME

Trinken Sie wärmenden Tee, um die Gesichtsstrukturen zu lockern. Kaltgetränke können das Gegenteil bewirken, sogar bei warmem Wetter. Heißer Tee und der Dampf des Tees entspannen sofort die Mimik.

5

MÜDE AUGEN

Bei müden Augen kann das Gesicht insgesamt fahl wirken. Beruhigen Sie Ihre Augen nach einem anstrengenden Tag mit Kamillenextrakt. Träufeln Sie diesen auf Wattepads, die Sie auf Ihre Augen legen, und geben Sie ein angewärmtes Leinentuch als Kompresse darauf. Sie können ebenso vorgehen, um Ihre Stirn zu entspannen, und dazu diverse ätherische Öle nutzen; zum Beispiel ist Minze bei Kopfschmerzen lindernd.

6

GESICHTSMASSAGE

Eine Massage am Gesichtsknochen entlang verbessert den Lymphfluss und wirkt gegen geschwollene oder müde Augen. Außerdem wird die Durchblutung angeregt, was einen strahlenden Teint unterstützt.

WIE VIEL SCHÖNHEIT
brauchen wir,
DR. AIMÉE BECK?

Ein schönes Lachen gibt dem Gesicht Harmonie und Ausstrahlung.
Worauf man wirklich achten sollte, verriet mir die Münchner Zahnärztin Dr. Aimée Beck.
In gewisser Weise ist auch der Zahnarzt mittlerweile zum Schönheitsexperten geworden.

IRMA: Wie viel Perfektion ist nötig, um wirklich gut auszusehen?
DR. AIMÉE BECK: Natürlich habe ich nichts dagegen, wenn man versucht, schön auszusehen, auf sich Wert zu legen, schlichtweg gepflegt zu sein, aber muss es so weit gehen, dass wir an Natürlichkeit und Authentizität verlieren? Warum nicht die Balance zwischen Ästhetik und zahnmedizinischer Notwendigkeit herstellen? Schönheit kommt immer noch von innen – das zeigen gepflegte, aber vielleicht nicht unbedingt perfekte Zähne. Unsere Zähne sollten harmonisch zu unserem Gesicht, unserer Körperstatur passen. Wichtig ist das Größenverhältnis, die Form, das Verhältnis Zahnfleisch zu Zähnen, wie wirkt unser Lächeln … Alles sollte authentisch integriert sein.

IRMA: Braucht es immer das Veneer, die Krone?
DR. AIMÉE BECK: Eigentlich nicht. Es gibt viele schöne, natürlich aussehende Alternativen – und die Zähne wirken dabei nicht entfremdet.

IRMA: Müssen Zähne ganz gerade sein?
DR. AIMÉE BECK: Auch ein neckisch aussehender Zahn hat seine Daseinsberechtigung, wenn er zahnmedizinisch gesehen keine Fehlbelastung für das Restgebiss darstellt. Im Gegenteil, er kann zum charmanten Kennzeichen werden, wie zum Beispiel die Zahnlücke bei Lauren Hutton.

IRMA: Wie weiß müssen unsere Zähne sein?
DR. AIMÉE BECK: Strahlend weiße Zähne, die einen quasi blenden, passen zu den wenigsten. Die Zähne sollten nicht aus dem Gesicht hervorstechen, sondern sich in ein ganzheitlich natürliches Erscheinungsbild einfügen.

IRMA: Warum ist bei der Zahnpflege manchmal weniger mehr, wenn wir sie gezielt einsetzen?
DR. AIMÉE BECK: Weil damit jeder Zahn genau die Pflege bekommt, die er braucht.

IRMA: Was ist beim Kauen zu beachten?
DR. AIMÉE BECK: Lassen wir uns auch beim Kauen Zeit, vorverdauen wir bereits, und der Körper bekommt entspannt seine Nahrung zugeführt. Der Kaumuskel ist übrigens einer der stärksten Muskeln im Körper, aber der muss sich ausruhen können. Ruht der Kopf, ruht der Geist und kann neue Kraft tanken.

IRMA: Wie beeinflusst unsere Psyche das Kauverhalten?
DR. AIMÉE BECK: Mehr, als wir denken. Gestresste Nahrungsaufnahme führt zu erhöhtem ungesundem Abrieb der Zahnsubstanz.

Zahnprodukte sollten genauso vielseitig sein wie Hautpflegeprodukte, und sie sollten an den Zahntyp angepasst sein.

WINE & DINE

AM LIEBSTEN
zu Hause

Gutes Essen, ein Glas kalter Champagner und zum Schluss ein feines Stück Torte –
was wäre das Leben ohne diese schönen Dinge? Ob das Budget klein oder groß ist,
Freunde zu sich nach Hause zum Essen oder auf ein paar Drinks einzuladen ist immer
möglich. Wichtig ist nur, ein Umfeld zu kreieren, in dem sich alle wohlfühlen.
Die ideale Gelegenheit auch, um Gerichte und Cocktails auszuprobieren und seiner
Kreativität freien Lauf zu lassen.

ZU GAST
bei IRMA

Es ist einfach, Gast zu sein, aber als Gastgeber ist nicht jeder geeignet.
Man muss vor allem Freude daran haben – und ein kreativer Sinn hilft dabei.

IM KLEINEN KREIS

Eigentlich möchte ich jeden Abend meinen Tag feiern. Das fängt schon tagsüber zwischen zwei Terminen an, wenn ich auf dem Markt einkaufen gehe. Gegen acht Uhr abends beginne ich dann zu kochen, und selbst wenn das Essen noch so einfach ist, muss alles schön sein: Kerzen in der Wohnung, vielleicht sogar Musik und ein hübsch gedeckter Tisch. Wer das für sich selbst beherrscht, der kann auch eine Party mit 100 Leuten organisieren.

VON HERZEN

Egal, was oder wen man feiert, man muss in der Laune dazu sein. Es muss von Herzen kommen. Eine gestresste Gastgeberin, die zwar die schönsten Blumen auf dem Tisch hat, den idealen Koch in der Küche und die in ihrem Kleid fantastisch aussieht, macht das Fest nicht rund, wenn die Ausstrahlung und das einladende Gefühl fehlen.

WIE MACHE ICH EINE PARTY BESONDERS?

Es muss nicht das Beste sein, es kann auch das Einfachste sein, aber es muss authentisch zu den Gastgebern und der Situation passen. Welche Vorlieben hat man, was erwarten die Gäste von einem, und wie überrascht man sich auch immer ein bisschen selbst. Eine gelungene Party hängt zu einem Großteil von den Gästen ab, aber der Rahmen muss zu den Gastgebern passen.

GUT VORBEREITET

Wenn man keine Hilfe hat, muss man umso besser vorbereitet sein. Für die Blumen der Gäste stelle ich verschiedene Vasen mit Wasser bereit und überlege mir vorab das Placement. Außerdem habe ich immer noch etwas in der Küche parat, woraus ich zur Not zu später Stunde ein einfaches Gericht zaubern kann, zum Beispiel Pasta mit Zitrone oder eine fertige Suppe.

Von links nach rechts:
– Kerzenlicht sorgt immer für eine schöne Stimmung.
– Die passende Einladung macht Vorfreude auf den Abend.
– Überlegen Sie im Vorfeld, wo die Blumengeschenke der Gäste stehen sollen.

EINLADUNG

Die Einladung ist eine schöne und wichtige Sache, bei der Gestaltung kommt das Motto der Festivität am besten zur Geltung. Worauf können sich die Gäste einstellen, und wie lautet etwa der Dresscode? Alles sollte gut aufeinander abgestimmt sein und den Gast schon in eine gewisse Stimmung bringen. Das Motto sollte allerdings immer passend sein, nicht nur zur Jahreszeit, sondern auch allgemein zu unserer Zeit. Oder es gibt kein Motto, dann bleibt das Fest einfach so in Erinnerung.

IRMA hat ein kleines Notizbuch, in dem sie Wichtiges
über jede Dinnerparty festhält:
Gästeliste, Tischordnung, was
sie anhatte, Menü und sogar,
welche Gästekonstellationen
harmonisch waren und welche
weniger.

Gedeckte Tafel mit Blumen von Silke von Otto, Tischtuch von La Maison Pierre Frey und gemalten Menükarten von IRMASWORLD.

La Bûche de Noël, ein traditioneller Weihnachtskuchen aus Frankreich. Den gibt es bei uns jedes Jahr.

JE EINFACHER, *desto schöner*

IRMAs Scrapbook für Skizzen und Ideen für Einladungen, Tischkarten und Menüs. Ideen sollte man immer sammeln, nicht nur kurz vor einem Fest. Oftmals ist eine Illustration die zündende Inspiration für ein Dinner.

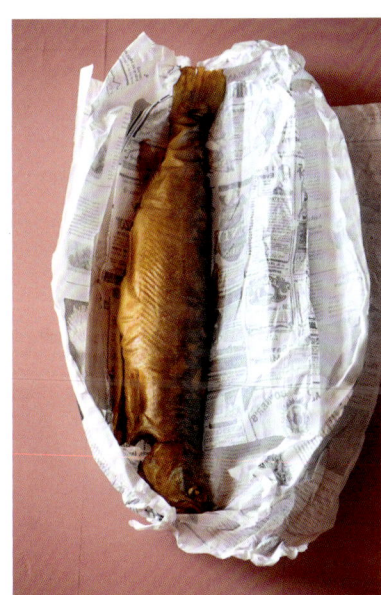

Ein fantastisches Gastgeschenk: geräucherter Fisch. Ideal, wenn die Gäste am späten Abend noch mal Hunger bekommen.

Karten schreiben ist eine entspannende Beschäftigung, nicht nur zu Weihnachten.

IRMA trinkt geeisten Wodka
gemischt mit dem Saft einer
halben Zitrone.

LAST-MINUTE-
Cocktailparty

Bleiben Sie nervenstark, improvisieren Sie
und lassen Sie Ihr Gastgebertalent erstrahlen.

1. **Schaffen Sie eine warme Atmosphäre.** Im Kerzenlicht sieht alles gleich viel besser aus, auch die Gastgeberin. Am besten auf künstliches Licht weitgehend verzichten.

2. **Sorgen Sie für Unterhaltung.** Keiner mag peinliches Schweigen, also reden Sie mit Ihren Gästen. Legen Sie Ihre Lieblingsplaylist auf und fragen Sie Ihre Freunde nach ihrer Lieblingsmusik.

3. **Richten Sie eine Bar ein.** Stellen Sie die Getränke von innen nach außen auf, mit den beliebtesten in der Mitte und Garnierungen an den Rändern. Jeder bedient sich selbst.

4. **Bieten Sie Optionen an.** Vergessen Sie nicht, auch Wein, Bier und alkoholfreie Getränke in Ihrer Pop-up-Bar bereitzuhalten. Ein Eisbehälter sollte immer mit frischem Eis gefüllt sein. Stellen Sie überall Krüge mit kaltem Wasser auf.

5. **Lassen Sie das Besteck weg.** Getränke und Fingerfood sind das A und O bei dieser Veranstaltung. Unsere Regel: Halten Sie es einfach. Wenn Sie ein Gericht nicht essen können, ohne das Besteck zu zücken, ist es ein No-Go. Suppe kann man zum Beispiel in Tassen servieren, der perfekte Start für den Abend.

6. **Kalt servieren.** Speisen zu servieren, die eigentlich heiß sein müssten, es aber dann nicht sind, ist ein typischer Anfängerfehler. Entscheiden Sie sich für Gerichte, die kalt oder lauwarm genossen werden können, damit Sie sich nicht um die richtige Temperatur kümmern müssen.
Wenn Sie 30 Minuten vor Ankunft der Gäste noch nicht eingekauft haben – atmen Sie tief durch und bestellen Sie per App etwas von einem Restaurant vor Ort, das Ihnen das Essen liefert.

Von links nach rechts:
– Wer sich die Arbeit sparen möchte, kauft premixed Cocktails in hübschen Flaschen, obwohl ein selbst gemachter Cocktail natürlich ein Fest für die Augen ist.
– Als Snack zu den Cocktails servieren Sie gekühlte Früchte, die passen gut zum Alkohol.

7. **Verteilen Sie die Snacks.** Ordnen Sie Käse, Nüsse und Oliven auf mehreren Serviertabletts an und stellen Sie sie an verschiedenen Plätzen im Partybereich Ihrer Wohnung auf. Das wird nicht nur den Appetit der Gäste zügeln, sondern auch dazu beitragen, dass die Gäste sich in den Räumen verteilen.

8. **Achten Sie auf gute Qualität.** Das Wichtigste ist, dass Getränke und Essen von bestmöglicher Qualität sind. Und natürlich sollte von allem genügend da sein.

Eine opulente Tafel macht nicht
nur Eindruck, sondern verspricht
einen unterhaltsamen Abend.
In diesem Fall ein Projekt
von IRMASSTUDIO für die
Porzellan Manufaktur Meissen
in den Räumlichkeiten von
Seven Elohim in München, wo
wir neues mit altem Porzellan
gemischt haben.

Mariana Velásquez.

MARIANA VELÁSQUEZ

Mariana Velásquez ist eine aus Kolumbien stammende Food-Stylistin mit internationalen Publikationen und Gastgeberin in New Yorks berühmtesten kulinarischen Kreisen. Geschmacksprägend erforscht sie das Nebeneinander von Essen, Mode und Kunst, schafft so eine essbare Leinwand und lädt den Betrachter ein, mit all seinen Sinnen zu genießen.

IRMA: Wenn ich Ihnen zusehe, wie Sie einen Tisch für eine Veranstaltung vorbereiten und decken, erfüllt mich das mit großer Freude. Warum gewinnt die Kunst des Tischdeckens immer mehr an Bedeutung?
MARIANA VELÁSQUEZ: Weil es dabei um Authentizität, Fülle und Großzügigkeit geht. Wenn am Tisch 10 Personen Platz haben, ist auch Platz für 12. Gastgeber zu sein ist intim, persönlich und eine fabelhafte Möglichkeit, sich auf einer tieferen Ebene mit Freunden oder Fremden zu verbinden.

IRMA: Sie sind Food-Stylistin, Köchin, Autorin zahlreicher Bücher, Designerin und Gründerin von Casa Velasquez. Woher nehmen Sie die Inspiration für jedes Projekt, das dennoch jedes Mal etwas verschieden ist?
MARIANA VELÁSQUEZ: Die Kunst und die Welt um sie herum sind eine große Inspirationsquelle. Die kommende Kollektion von Casa Velasquez ist von dadaistischen Künstlerinnen wie Sophie Tauber-Arp inspiriert, deren unerschrockener Einsatz von Farbe, Textur, Geschichtenerzählen und vielen anderen Mitteln mich sehr bewegt hat – von der Farbpalette in einer Kunstinstallation bis hin zur Komposition in einer Stadtfotografie.

IRMA: Können Sie uns einen Tipp geben, wie man einen Tisch deckt, wenn man wenig Zeit hat, aber trotzdem einen Wow-Effekt erzielen möchte?
MARIANA VELÁSQUEZ: Es gelingt mir zwar nicht immer, aber ich versuche normalerweise, den Tisch am Abend vor einer Veranstaltung zu decken – das gibt mir Zeit, wirklich mit meinen Elementen zu spielen: vom Besorgen der Blumen bis hin zum Entwerfen der Tischdekoration. Ich habe keine Angst, zu mischen und zu schichten. Ich lege eine Tischdecke auf und schichte Tischsets oder einen Tischläufer darauf. Drapiere Leinenservietten locker über jedes Gedeck, dazu muss man sie nicht kompliziert falten. Kerzen geben den Ton an, und handgeschriebene Tischkarten vermitteln jedem Gast das Gefühl, etwas Besonderes zu sein. Wir lieben es, unseren Namen in Schriftform zu sehen, und es ist eine kleine Geste, die zeigt, dass man sich kümmert.

IRMA: Was sind Ihre unverzichtbaren Must-haves, wenn eine Tischdekoration außergewöhnlich aussehen soll?
MARIANA VELÁSQUEZ: Ich liebe es, meine Tische mit einer Kombination aus neuen und alten Stücken zusammenzustellen. Moderne handgefertigte Keramikteller mit der klassischen, mit Dahlien gefüllten Suppenterrine meiner Mutter oder die kleinen Fischgabeln, die ich auf dem Flohmarkt in Marokko gefunden habe, mit farbigen Gläsern, die ich in Brooklyn gekauft habe. Halten Sie die Blumen kurz in kleinen Gefäßen, die Sie leicht wegnehmen oder in die Ecken stellen können, wenn die Platten in die Mitte kommen. Jeder Tisch erzählt eine Geschichte, und es ist eine Gelegenheit, die Regeln zu brechen und unerwartete Elemente wie kleine Tiere aus Messing oder Glückskarten unter den Tellern einzubauen.

IRMA: Wie können Sie Ihren Gästen einen Eindruck davon vermitteln, was sie auf Ihrer Dinnerparty erwartet, wie schaffen Sie eine bestimmte Stimmung, wenn die Gäste eintreffen?
MARIANA VELÁSQUEZ: Es dreht sich alles um die Beleuchtung ... und gut zusammengestellte Playlists, denn unsere Dinnerpartys enden meist damit, dass alle tanzen.
Wenn ich eine sehr förmliche Stimmung möchte, sage ich den Leuten, sie sollen sich schick anziehen, aber Spaß dabei haben; dann serviere ich knochentrockenen Pet Nat und Kaviar, wenn die Gäste kommen. Oder ich halte es zwanglos und lade zum Abendessen auf dem Dach ein, wo ich eine Aperitivo-Bar installiere und eine große Emaillekanne mit Eis, verschiedene Weine, Sekt, Wasser und eine lustige alkoholfreie Variante aufstelle und alle sich selbst bedienen können. Als Gastgeber entscheiden Sie, was Sie wollen, von der Stimmung bis zur Formalität. In den Sommermonaten dreht sich alles um lockere, leicht verträumte, familiäre Gerichte wie Maisplatten mit Miso-Butter und gegrillte, frisch zubereitete Würstchen mit Kräutertomatensalat. Im Winter – feierlich, mit Smokey-Eyes, roten Lippen, vielleicht etwas Taft – gibt es schwerere Gerichte.

IRMA: Ein Tipp für die Gastgeberin. Wie können Sie Ihren eigenen Stil kreieren, wenn es darum geht, eine Dinnerparty zu veranstalten?
MARIANA VELÁSQUEZ: Es ist IHR Zuhause, Sie können Gastgeber sein, wie Sie wollen. Es gibt keine Regeln oder Formalitäten zu beachten. Wenn Sie einen Eintopf kochen wollen und alle im Wohnzimmer mit ihren Schüsseln in der Hand sitzen, knuspriges Brot eintauchen und Wein trin-ken sollen, dann machen Sie das so. Soll es ein 7-Gänge-Menü mit Kellnern und einem Chefkoch sein – organisieren Sie das. Aber bleiben Sie authentisch und seien Sie sie selbst. Wenn Sie sich als Gastgeber wohlfühlen, werden auch alle anderen eine tolle Zeit haben.
Genießen Sie das Ganze. Gastgeber zu sein ist Arbeit, aber wenn es Ihnen keinen Spaß macht, lassen Sie es bleiben.

IRMA: Warum ist Ihrer Meinung nach das Bewirten so wichtig für unser soziales Wohlbefinden?
MARIANA VELÁSQUEZ: Wenn ich enge Freunde oder Familienmitglieder zu Gast habe, ist das meine konkrete Art, ihnen zu zeigen, wie sehr ich sie liebe. Und wenn mein Mann Diego und ich neue Leute kennenlernen, mit denen wir uns gut verstehen, laden wir sie gerne zu uns ein, um eine neue Freundschaft zu schließen.

IRMA: Haben Sie Tipps für das Zeitmanagement, wenn es um die Vorbereitung eines Mittag- oder Abendessens geht?
MARIANA VELÁSQUEZ: Oh, Zeitmanagement ... Nun ja, planen Sie voraus, machen Sie sich das Leben leichter, indem Sie nicht alles selbst machen. Besorgen Sie tolle Käsesorten, Brote, den Linsensalat aus dem kleinen Laden am Ende der Straße – die Auswahl an Lebensmitteln und Speisen erfordert etwas Geschick, und wenn man einmal eine Auswahl getroffen hat, sollte man dabei bleiben. Bereiten Sie das Dessert ein oder zwei Tage zuvor zu, lernen Sie Ihre Lieferanten kennen, damit Sie leicht nachbestellen und etwas liefern lassen können. Halten Sie es einfach und fabelhaft zugleich; wenn es zu kompliziert wird, verliert sich der Zauber.

Marianas Welt umschließt unterschiedliche Aspekte – von Kunst über Schürzen, Tischwäsche bis zu Gerichten. Alles wird mit ihrer Lebensfreude, ihrem Design und Farben zu einem Fest gestaltet, das einen die nächste Einladung freudig erwarten lässt.

IRMA ist ab und zu
in Champagnerlaune.

FRÉDÉRIC PANAÏOTIS

Monsieur Panaïotis ist der Kellermeister des französischen Champagnerhauses Ruinart.
Damit Sie das nächste Mal noch bewusster ein Glas eisgekühlten Champagner genießen,
verrät er uns ein paar Dinge, die den Genuss erhöhen.

IRMA: Wenn Sie die Augen schließen, nach welcher Art von Musik klingt Champagner?
FRÉDÉRIC PANAÏOTIS: Nach Jazz. Ich finde, dass Champagner eine jazzige Seite hat, wegen der Bläschen, er ist sehr dynamisch. Wie Sarah Vaughan. Auf jeden Fall sollte Saxofon dabei sein. Das hat einen warmen Klang.

IRMA: Die perfekte Präsentation unterstützt den perfekten Geschmack – welches Glas und welche Temperatur?
FRÉDÉRIC PANAÏOTIS: Das hängt von der Cuvée ab. Es sollte ein Glas sein, das unten bauchig ist und sich nach oben verengt, mit einem dünnen Stil. Ein Glas, das dem Champagner erlaubt, zu atmen und sich auszudrücken. Etwa die Gläser Grand Champagne von Lehmann. Was die Temperatur angeht, würde ich sagen, zwischen 8 und 10 Grad. Im Sommer kann man ihn etwas kühler servieren, weil er sich dann schneller erwärmt. Im Winter schenken wir bei Kellertemperatur aus, nicht viel höher als 10 oder 12 Grad. Auch hier ist also die Jahreszeit entscheidend, und es ist gut, sich daran zu erinnern, dass die Jahreszeit ein wichtiges Element in unserem Leben ist.

IRMA: Der beste Jahrgang der letzten 20 Jahre?
FRÉDÉRIC PANAÏOTIS: Ich würde sagen 2019. Er hat die perfekte Balance. Man muss wissen, dass der Jahrgang 2019 (der Dom Ruinart) im Jahr 2020 in den Keller gelegt wurde, und ich denke, dass er 2031 auf den Markt kommen wird.

IRMA: 2029 ist der 300. Geburtstag der Maison Ruinart. Wie lange arbeiten Sie schon an dem Jubiläumschampagner?
FRÉDÉRIC PANAÏOTIS: Seit 2007. Ich habe schon darüber nachgedacht, als ich bei Ruinart angefangen habe, aber mit der Arbeit daran wirk-

lich begonnen haben wir 2014, also 15 Jahre bevor er auf den Markt kommen wird.

IRMA: Contemporary Art und Champagner. Ruinart ist berühmt für diese Verbindung. Welcher Künstler hat Sie am meisten überrascht?
FRÉDÉRIC PANAÏOTIS: Derjenige, der mich am meisten überrascht hat, ist David Shrigley. Mit seiner vermeintlich kindlichen Seite, seinen einfachen, aber sehr tiefgründigen Zeichnungen. Sehr berührt war ich von dem Ansatz von Liu Bolin oder Vik Muniz. Auch Jeppe Hein durch seine sehr menschliche Seite. Aber David Shrigley besonders, denn wenn man seine Arbeit sieht, erkennt man auf den ersten Blick nicht, wie tief sie ist. Es geht um viel mehr als

Monsieur Panaïotis
bei der Traubenernte.

Ich hatte die Gelegenheit, bei der Ernte in Reims dabei zu sein. In der Champagne ist es gesetzlich vorgeschrieben, dass die Trauben von Hand geerntet werden müssen, sodass nur ganze Trauben gepflückt werden. Einer der Vorteile der Handlese ist, dass kranke oder befallene Trauben bei Bedarf direkt im Weinberg aussortiert werden können.

Die Erde, das Wetter, die Sonneneinstrahlung sind nur einige Aspekte, die einen guten Jahrgang ausmachen.

nur um Zeichnungen. In seinen Zeichnungen zählt alles. Als er einmal zum Klimawandel befragt wurde, war sein Werk „It Won't Be Like This Forever" so aktuell wie nie. Wir sind davon besonders berührt, und ich bin bewegt von dem, was er dagegen getan hat.

IRMA: Moderne Küche und Champagner. Welche Kombination öffnet Ihr Herz?
FRÉDÉRIC PANAÏOTIS: Was ich heute als moderne Küche bezeichne, ist das, was ich bei den Köchen sehe, die mit wenigen Zutaten arbeiten und sich oft erneuern. Es gibt wenig Auswahl, ein bisschen japanischen Stil, ein festes Menü, saisonale Produkte und sehr wenig Verarbeitung. Das ist immer noch eine Menge Arbeit, genau wie unsere Weine. Es hat etwas Selbstverständliches, aber es steckt sehr viel Arbeit in der Zubereitung, und das sollte man nie vergessen. Ich denke, dass diese Küche sehr gut zu unseren Weinen passt, weil wir diese Philosophie teilen, mit Weinen, die eine Textur haben, die angenehm sind. Weine, die leicht zu verstehen sind, leicht zugänglich, leicht zu trinken, natürlich in Maßen, aber die viel Arbeit, Präzision und Details erfordern. Und auch die Saisonalität ist wichtig, sie scheint mir in dieser Küche wesentlich zu sein, wir nutzen die Zutaten zu ihrem besten Zeitpunkt.

IRMA: Wenn Sie einen Cocktail mit Ruinart-Champagner mixen würden, welcher wäre es?
FRÉDÉRIC PANAÏOTIS: Diese Frage ist nicht leicht zu beantworten. Ich denke, dass man einen Ruinart am besten pur genießen sollte.
Aber in der Bar Cravan in Paris im 16. Bezirk machen sie einen Royal Basilic mit Champagner und Basilikum. Ich würde also sagen, einen Cocktail von Cravan, einen einfachen Cocktail, aber mit Respekt für das Produkt.

Lunch mitten in den Weinbergen,
da schmeckt der Champagner noch besser.

Wer sich müde und schwach fühlt, sollte in seinen gut sortierten Küchenschrank schauen, bevor er zur Apotheke geht. Es gibt viele Heilmittel, die in unserer Küche vorhanden sein sollten.

Kitchen Essentials von
HOMEIRA POUR HEIDARI

Homeira Pour Heidari studierte traditionelle persische Medizin in Teheran.
Diese arbeitet nach dem Prinzip der Ursachenforschung und -bekämpfung.
Die persischen Urgelehrten Razi (Rahzes) und Avicenna legten Ende des ersten Jahrtausends v. Chr.
die Grundlagen für einen ganzheitlichen Einklang von Geist, Körper und Seele.
Sie waren nicht nur Mediziner, sondern auch Naturwissenschaftler, Philosophen und Alchemisten.
Homeira pendelt zwischen München und Teheran.

IRMA: Welche Gewürze und Kräuter sollte man immer im Haus haben und warum?
HOMEIRA: Safran, bekannt als der König der Gewürze. Nicht nur wegen der schönen Farbe, sondern auch weil er gut für das Herz und die Stimmung ist.
Kardamom: eines der ältesten Gewürze der Welt. Enthält unter anderem Antioxidantien und Vitamin C. Ist gut gegen Schluckauf, zu hohen Blutdruck, gibt dem Gesicht einen schönen Teint. Sein Aroma macht Nachspeisen verführerisch und köstlich. Im Iran wird er auch in Kosmetika eingesetzt.
Koriandersamen: abgesehen von dem guten Geschmack hervorragend für das Immunsystem.
Nelken: auch ein sehr altes Gewürz, wirkt oft Wunder bei der Gewichtsabnahme. Hilft auch noch bei Kopf-, Zahn-, Ohrenschmerzen, bei schlechtem Atem und unreiner Haut, ist verdauungsfördernd und antibakteriell.
Kümmel: beinhaltet Eisen, Magnesium und Kalzium. Ist ballaststoffreich, antioxidativ und macht das Essen bekömmlich. Man kann ihn zum Würzen von allen möglichen Speisen, von Fleisch bis Salat, verwenden.
Rosenknospen und -pulver: Das ist eine bestimmte Rosensorte aus dem Iran, die wir als Gewürz verwenden und damit auch unsere Speisen dekorieren. Sie ist wunderbar für gestresste Menschen.

IRMA: Welche einfache und gesunde Suppe hilft bei Schwäche und Erkältung?
HOMEIRA: Eine Energiesuppe, sie wird aus Fleisch und Knochen zubereitet und vier bis zehn Stunden gekocht.

Oder eine kräftigende Hühnersuppe. Dazu Wasser in einen Topf geben, Petersilie, Wacholderbeeren, Suppenhuhn, Stangensellerie mit Blättern, Karotte, Zwiebel, etwas frischen Ingwer oder Pfefferkörner, Lorbeerblätter und Salz zufügen und alles vier bis acht Stunden köcheln lassen. Danach durch ein Sieb abseihen und dem Körper mit der Brühe etwas Gutes tun.

IRMA: Warum ist Salz wichtig, und worauf sollte man achten?
HOMEIRA: Salz – das Gold der Wüste – ist nicht nur ein wichtiges Würzmittel, ohne Salz kann der Mensch nicht überleben, da es den Wasserhaushalt reguliert. Salz leistet auch als Mineralstoff und Spurenelement einen wichtigen Beitrag beim Knochenaufbau und bei der Verdauung. Allerdings macht – wie bei vielem im Leben – die Dosis das Gift, also sollte man es nicht übertreiben. Salz wirkt außerdem desinfizierend und entzündungshemmend. Dabei sollte man nur naturbelassene Salze wie Meersalz, Kristallsalz, Ursalz bzw. Steinsalz verwenden.

IRMA: Was serviere ich am besten zum Aperitif?
HOMEIRA: Eine schöne warme Suppe oder Eier-Pickles mit persischem Kaviar … Sehr fein.

IRMA: Mit welcher einfachen Sache kann ich meine Gäste beeindrucken?
HOMEIRA: Immer mit Herzlichkeit und Wärme empfangen, das ist ganz einfach und kann jeder geben.

Homeira Pour Heidari arbeitet als Ernährungsberaterin und Innenarchitektin mit Projekten in London und Paris.

ELIZABETH MAYHEW

Als die Interior-Designerin Elizabeth Mayhew gebeten wurde, einen Kuchen für den legendären
New Yorker Antiquitätenhändler Gerald Bland zu kreieren, zog sie ihre Farbkarte heraus,
bevor sie ihren Zuckerguss mischte. „Es gibt ein ganz bestimmtes, majestätisches Grün,
für das er bekannt ist", sagt sie. „Ich wollte sicher sein, dass ich das Grün von Gerald Bland
genau richtig hinbekomme. So exakt arbeitet sie bei ihren Torten – wahre Kunstwerke,
die mich beeindruckt haben.

IRMA: Erzählen Sie uns von Ihrer Küche als Arbeitsraum.
ELIZABETH MAYHEW: Als ich während der Covid-Zeit mein kleines Kuchengeschäft eröffnete, tat ich dies in meinem Haus in Dutchess im Bundesstaat New York. Die Küche war zwar nicht groß, aber perfekt eingerichtet und sehr effizient zum Backen. Der einzige Nachteil war, dass ich nur einen Ofen hatte, was bedeutete, dass ich nur einen Kuchen auf einmal backen konnte. Die Pluspunkte: Die Küche hat viel natürliches Licht, einschließlich eines Oberlichts, was beim Mischen der Buttercremefarben hilfreich war, da ich die Schattierungen genau sehen konnte. Außerdem sind die Wände vom Boden bis zur Decke mit Subway-Fliesen verkleidet, die leicht zu reinigen sind, und ich habe einen großen Kühlschrank und zwei weitere für die Lagerung von Torten. Als ich immer mehr zu tun hatte, bin ich natürlich aus der Küche herausgewachsen! Seit einem Jahr backe ich in einem nahe gelegenen Gewerbegebiet.

IRMA: Ihre Arbeit ist sehr detailreich. Wie finden Sie die richtigen Details, oder was inspiriert Sie dazu?
ELIZABETH MAYHEW: Ich habe viele Jahre in der Welt der Dekoration verbracht, daher bin ich mit dem Textilmarkt gut vertraut. Außerdem liebe ich Typografie, Schreibwaren und Papierwaren – all das bietet eine Menge Inspiration. Ich glaube auch, dass mein Studium der Kunstgeschichte unglaublich wichtig für das Verständnis von Komposition, Farbe und Linie war. Und schließlich habe ich Kalligrafie gelernt. Was die Liebe zum Detail bei meinen Torten angeht, war das Wichtigste allerdings die Geduld!

IRMA: Erzählen Sie uns von der „Botschaft", die Sie mit Ihren Torten vermitteln wollen.
ELIZABETH MAYHEW: Ich möchte, dass die Menschen von meinen Torten überrascht und begeistert sind. Da sie „maßgeschneidert" sind, sind sie für den Empfänger einzigartig. Vor allem meine Charm Cakes sind einzigartig – man kann sie sich wie ein Armband vorstellen. Jedes der Designelemente steht für die Hobbys, Errungenschaften und Lieben einer Person. Und so wie die Menschen selbst sind auch keine zwei Charm Cakes gleich.

IRMA: Was ist Ihrer Meinung nach die Bedeutung eines Kuchens, wenn er auf den Tisch gebracht wird?
ELIZABETH MAYHEW: Eine Torte ist der feierlichste Teil einer Mahlzeit. Er ist der krönende Abschluss! Wie Julia Child sagte, ist ein Essen ohne Torte nur ein Treffen.
Ich möchte, dass sich die Leute an den Kuchen erinnern und wissen, dass sich jemand große Mühe bei der Zubereitung gegeben hat – es ist Liebe in Zucker, Mehl und Butter.

IRMA: Wie beginnen Sie Ihre Kuchenillustrationen? Haben Sie ein Skizzenbuch?
ELIZABETH MAYHEW: Ich beginne mit dem Sammeln von Fotos oder anderen Formen der Inspiration. Shutterstock ist eine großartige Quelle, ebenso wie Pinterest. Dann fange ich an, über Farben nachzudenken, was eigentlich der schwierigste Teil ist – nicht nur das Mischen der Farben, sondern auch zu überlegen, wie ich sie einsetzen werde, um die Komposition harmonisch zu halten. Ich skizziere nicht zuerst, sondern zeichne das Design direkt auf die Torte, wobei ich immer mit einem „Rahmen" beginne, der in der Regel ein Wellenmuster ist, das am unteren Rand um die Torte herumgeht. Außerdem verwende ich für alle meine Torten Bambusplatten mit Wellenschliff, die mir helfen, die Abstände zu bestimmen. Wenn ich einen Fehler mache, kratze ich ihn einfach ab und fange von vorne an!

Elizabeth Mayhew in ihrem Haus in Dutchess County, New York.

Überlegen Sie sich ein Motto für Ihre nächste Party und passen Sie auch die Torten-Deko entsprechend an. Es könnte z. B. wie bei Elizabeth Mayhew ein Kleid sein, das Sie zu einer Party inspiriert. Man kann sich von Farben und Details des Kleides für Tisch und Torten-Deko inspirieren lassen. So hat man garantiert einen Wow-Effekt beim Tischgespräch.

Elizabeth teilt ihre Kuchen-Kreationen in Gruppen ein: Flower Cakes und Charm Cakes. Dann gibt es noch Monogramm-Kuchen, mit denen sie angefangen hat.

KLEID &
Kuchen

„Anfang dieses Jahres wurde ich gebeten, eine Torte für ein frisch vermähltes Paar zu backen, die von dem Gucci-Couture-Hochzeitskleid der Braut inspiriert war. Auf der Oberseite des Kuchens habe ich das Oberteil des Kleides mit Sahne und hellgrauer Buttercreme nachgeahmt. Dann habe ich Buttercremeblumen am unteren Rand der Torte angefügt, um die Blumen am Saum des Kleides aufzunehmen." *(Elizabeth Mayhew)*

IRMAS
Rezepte

IRMAs Käsekuchen & Tarte d'abricot Cannes

Kapaun à la bresse & Seeteufel mit Tomaten und Fenchel

Affogato, Käseplatte & Gekochte Knochenbrühe

REZEPTE MUSS MAN TEILEN,
vor allem, wenn sie einfach sind

Ich koche oftmals das Gleiche, denn Lieblingsgerichte tun der Seele
gut und sind schnell auf den Tisch gezaubert, wenn man Gäste hat.

IRMAS KÄSEKUCHEN

ZUTATEN
für 1 Springform

TEIG
200 g Dinkelmehl
50 g Zucker
1 Prise Salz
100 g Butter
1 Ei

FÜLLUNG
300 g Frischkäse oder Quark
2 Eier
50 g Zucker
40 g geschmolzene Butter
¼ TL Salz
1 Messerspitze gemahlene Vanille
50 g Mehl
100 g Schlagsahne
20 g Vanillezucker

GLASUR
1 Eigelb
25 g Puderzucker
1–2 EL Wasser

Backofen auf 180 °C Umluft vorheizen.

Für den Teig alle Zutaten in eine Schüssel geben, vermischen und
verkneten. Teig auf dem Boden einer gefetteten Springform (26 cm)
verteilen, mehrmals mit einer Gabel einstechen und ruhen lassen.

Währenddessen für die Füllung Frischkäse, Eier, Zucker, geschmolzene
Butter, Salz und Vanille in eine Schüssel geben und verquirlen.
Das Mehl dazusieben und untermischen. Sahne und Vanillezucker in eine
Schüssel geben und mit dem Handrührgerät steif schlagen, dann unter die
Frischkäsemasse heben. Masse auf dem Boden verteilen.

Die Zutaten für die Glasur in einer Schüssel vermischen und auf die
Käsemasse streichen. Kuchen im vorgeheizten Backofen 20–30 Minuten
backen.

TARTE D'ABRICOT CANNES

ZUTATEN
für 1 Springform

TEIG
200 g Dinkelmehl
120 g Butter
50 g Zucker
1 Eiweiß
1 EL Mineralwasser

BELAG
500 g Aprikosen
5–6 EL Aprikosenkonfitüre
Mandelblätter

Backofen auf 180 °C Umluft vorheizen.

Die Zutaten für den Teig in eine Schüssel geben und verkneten.
Dann ½ Stunde ruhen lassen.

Teig auf dem Boden einer gefetteten Springform (26 cm) verteilen.
Die Aprikosen waschen, entkernen und mit der Rundung nach oben
gleichmäßig darauf verteilen.

Die Konfitüre in einem Topf erhitzen und über die Aprikosen löffeln.
Die Mandelblätter daraufstreuen. Kuchen im vorgeheizten Ofen auf
der mittleren Schiene 30–40 Minuten backen.

Links:
Wenn man den Kuchen im
Eisfach leicht kühlt, schmeckt
er als Dessert auch gut mit
heißen Kirschen.

Unten:
Tarte d'Abricot Cannes.

MIT ETWAS MEHR
Aufwand

KAPAUN À LA BRESSE

ZUTATEN
für 4 Personen

1 Kapaun (ca. 4 kg)
Salz, Pfeffer
1 große Zwiebel
2 Knoblauchzehen
3 Karotten
1 Thymianzweig
1 Bund Petersilie
1 Lorbeerblatt
150 g Ghee
3 EL Traubenkernöl
3 EL Xérèsessig (Essig aus spanischem Sherry)
oder Champagner

Den Backofen auf 220 °C Ober-/Unterhitze vorheizen.

Den Kapaun sorgfältig ausnehmen, dann innen salzen und pfeffern.

Zwiebel und Knoblauch schälen und klein schneiden bzw. zerdrücken. Karotten putzen, waschen und ebenfalls zerkleinern. Thymian und Petersilie waschen, trocken schütteln und hacken. Die vorbereiteten Zutaten mit dem Lorbeerblatt in eine Schüssel geben und zu einer Füllung verarbeiten. Die Hälfte davon in den Kapaun geben, die andere Hälfte in eine gefettete Auflaufform füllen.

Ghee in einem Topf schmelzen. Nun den Vogel in die Form setzen und mit Ghee bestreichen, salzen und pfeffern. Form in den Ofen schieben. Sobald der Kapaun eine schöne Bernsteinfarbe angenommen hat, das Traubenkernöl und den Essig zugießen und den Kapaun alle 15 Minuten mit der Sauce aus der Form bestreichen.

Nach ca. 1 ½ Stunden Bratzeit den Kapaun aus dem Ofen holen und ca. 15 Minuten ruhen lassen. Dann mit einem großen Messer die Keulen entfernen. Falls diese noch roh sind, im Ofen nachgaren. Die Brust, die schneller gar ist als die Keulen, kann so zum Beispiel als erster Gang serviert werden. Das Fleisch sollte weich und saftig sein. Feldsalat mit Champignons passt hervorragend als Begleitung dazu.

SEETEUFEL MIT TOMATEN & FENCHEL

ZUTATEN
für 4 Personen

400 g Tomaten
200 g Fenchel
1 Bund Petersilie
½ Bund Thymian
800 g Seeteufelfilet (küchenfertig)
Salz, Pfeffer
½ Bio-Zitrone
1 Knoblauchzehe
6 EL Noilly-Prat-Wermut
6 EL Olivenöl

Den Backofen auf 200 °C Ober-/Unterhitze vorheizen.

Tomaten waschen und vierteln. Fenchel putzen, waschen, längs halbieren und in Scheiben schneiden. Petersilie und Thymian waschen, trocken schütteln und die Blätter abzupfen.

Seeteufelfilet mit Salz und Pfeffer würzen und in eine Auflaufform (ca. 35 cm Länge) legen. Die Zitrone waschen, in dünne Scheiben schneiden und Fisch damit belegen. Mit Petersilie und Thymian bestreuen. Tomaten und Fenchel um den Fisch herum verteilen. Mit Salz und Pfeffer würzen. Knoblauch schälen, in Scheiben schneiden und daraufstreuen. Alles mit Wermut und Olivenöl beträufeln.

Auflaufform auf der 2. Schiene von unten in den Ofen schieben und Fisch 25–30 Minuten garen.

Überhaupt KEINE ZEIT

AFFOGATO

ZUTATEN
für 1 Person

1 Tasse starker Espresso
1 Kugel Vanilleeis

Den Espresso zubereiten
und in ein Servierglas füllen.
Das Vanilleeis zugeben.
Sofort servieren.

KÄSEPLATTE

ZUTATEN
Beispielsweise Camembert
de Normandie

Immer eine gute Idee, wenn es
schnell gehen muss. Den besten
französischen Käse der Stadt
kaufen, frisches Sauerteigbrot
und eine gute Flasche Wein
dazu – fertig.

GEKOCHTE KNOCHENBRÜHE

Wer mittags keine Zeit hat, etwas Größeres
zu essen, kann sich eine gekochte Knochenbrühe
in einem Wärmebecher mitnehmen, das tut gut
und gibt viel Kraft.

ZUTATEN
für ca. 1,5 Liter

5–7 Kalbsknochen
2 Karotten
1 Stangensellerie
1 Bund Petersilie

Kalbsknochen abwaschen und mit 1,5 Liter
Wasser in einen Topf geben.

Das Gemüse und die Petersilie waschen,
putzen und zerkleinern. Ebenfalls in den
Topf geben und Suppe 4–5 Stunden einkochen
lassen. Danach durch ein Sieb abseihen und
Brühe verwenden.

Gekochte Knochenbrühe
für unterwegs.

INTERIOR

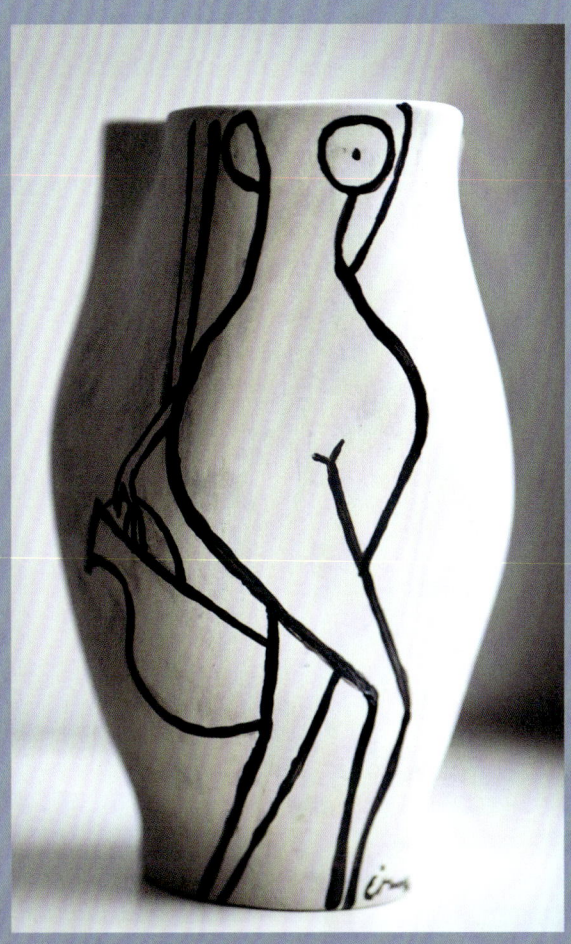

EIN ORT DER RUHE
und des Schaffens

Unser Zuhause hatte noch nie eine stärkere Bedeutung als heute. Es ist mehr denn je
ein persönlicher Rückzugsort, an dem wir Wohlbefinden, Kraft und Ruhe finden. Wer
sein Zuhause pflegt und hegt und als Leinwand seines Lebens sieht, kann nicht nur viel
daraus machen, sondern wird auch viel zurückbekommen.
Die folgenden Seiten enthalten ein paar Anregungen dafür, was ein Zuhause ausmacht
und einem die Möglichkeit gibt, sich immer wieder neu zu erfinden.

ANGEWANDTE KUNST

Leben Sie mit Kunst, das macht glücklich. Das merkt man, wenn man Orte besucht, an denen man sich umgeben von Kunst aufhält, zum Beispiel im Hotel Colombe d'Or in Saint-Paul-de-Vence. Es muss aber auch nicht immer „anerkannte" Kunst sein, Sie können genauso Vintage-Werbeposter, gefundene Objekte, Wandteppiche, Keramik oder andere handwerkliche Objekte aussuchen, um Ihrem Zuhause das besondere Etwas zu verleihen.

Von links nach rechts:
Oben:
– Bar im Hotel Colombe d'Or in Saint-Paul-de-Vence.
– Handbemalter Korb von IRMASWORLD auf einem Lederstuhl von Hermès.
– Kopf einer Plastik von Carl Vilz und alte Murano-Vasen.

Unten:
– Mid-Century-Möbel mit einem aufgespannten Leinentuch von Casa Nata x IRMA.
– Handbemalte Keramik von IRMASWORLD in Kollaboration mit der schwedischen Keramikkünstlerin Beatrice Pedersen.
– Die Rezeption des Hotels Colombe d'Or, Saint-Paul-de-Vence.

Travelposter von IRMASWORLD
und handbemalter Korb auf
einem Vintage-Barschrank aus
den 50er-Jahren von Ico Parisi.

„I am going to make everything around me beautiful – that will be my life."

Elsie De Wolfe, Architektin

COPY & PASTE

Das Schönste am Reisen sind die Eindrücke und die Inspiration. Und wenn man dann nach Hause kommt und plötzlich Parallelen sieht oder sich von einer Reise zu Veränderung angeregt fühlt und Dinge für das eigene Interieur umsetzt, dann hat sich die Reise schon gelohnt. Einfach immer umschauen und nachmachen.

INTERIOR-SOUVENIRS

Wo auch immer ich hinfahre, irgendeine Idee bringe ich mit für mein eigenes Zuhause; es kann ein Stück Seife sein, die Art, wie man Blumen steckt, oder ein Tischtuch aus einem Restaurant. Suchen Sie nach besonderen Souvenirs, die Sie an Ihre Reisen erinnern.

NAH & FERN

Manche Ideen aus der Ferne kann man sehr gut mit Wohnaccessoires und Möbeln aus der eigenen Heimat verbinden. Als ich mir zum Beispiel im Londoner Showroom von Farrow and Ball Tapeten angeschaut habe, die vom Londoner National History Museum inspiriert waren, musste ich sofort an meine Biedermeier-Kommode denken. Ich wusste, wenn ich sie damit tapeziere, würde sie in neuem Glanz erstrahlen.

TROCKENSTRÄUSSE

Auf einer Reise in die italienischen Dolomiten erfuhr ich, dass die Bauern in Südtirol im Sommer Blumen pflücken, sie dann trocknen und zu Kränzen oder Sträußen verarbeiten. So haben sie das ganze Jahr über schöne Blumen, die nicht welken – und auch Ihr Zuhause verschönern.

SOMMER- & WINTERBIBLIOTHEK

Es gibt Plätze, die inspirieren einen sofort für sein eigenes Apartment oder Sommerhaus. Das Hotel Il Sereno am Comer See etwa verfügt über eine kleine private Bibliothek, die in den Gemeinschaftsräumen des Hotels, das von Patricia Urquiola eingerichtet wurde, untergebracht ist. Dieser Ort lädt zum Verweilen ein, und ich habe in meiner Wohnung in München daher auch eine Sommer- und eine Winterbibliothek angelegt. So habe ich meine Bücher sortiert und einen Ort geschaffen, an dem man Ideen entwickeln kann. Durch die neue Aufteilung stehen die Bücher, obwohl man sie bereits kennt, in einem spannenden neuen Zusammenhang.

Von links nach rechts:
– Trockenstrauß im FORESTIS in den Dolomiten.
– Interior von Patricia Urquiola im Il Sereno am Comer See.
– Biedermeier-Kommode neu interpretiert mit einer Tapete von Farrow & Ball.

SHOPPING

Kaufen Sie vor Ort Stoffe, Bänder und sonstiges Dekorationsmaterial, wenn Sie auf Reisen sind. Es lohnt sich, diese Dinge zu sammeln und irgendwann einmal in seinem Interior zu verwenden. So erinnert man sich an vergangene Momente und schöne Reiseziele und wird in die Urlaubszeit zurückversetzt.

IRMA genießt ihre Ferien am
liebsten in einem Sommerhaus
am Meer, gefunden zum Beispiel
über boutique-homes.com.

Cristina Celestino
in dem von ihr gestalteten
Blumenladen Florilegio.

CRISTINA CELESTINO

Cristina Celestino ist ein gutes Beispiel für eine Designerin, deren Philosophie darin besteht,
ihre Arbeit auf Beobachtung und Forschung zu gründen. Sie gewann in den letzten Jahren zahlreiche Auszeichnungen
für ihr innovatives Design. Umso spannender zu hören, wie sie die Zukunft der Einrichtung sieht.

**IRMA: Glauben Sie, dass sich die Innen-
einrichtung in den nächsten Jahren verändern
wird?**
CRISTINA CELESTINO: Das Konzept des
traditionellen Heims hat sich verändert und damit auch seine Wahrnehmung, da es sich zum
Zentrum des Lebens entwickelt hat. Die Innen-
räume übernehmen zunehmend die Aufgabe, uns
ein Gefühl der Sicherheit zu vermitteln und uns
in unserer Komfortzone einzuhüllen. Ich glaube
an die Kreativität als Zentrum des Produktions-
prozesses, so wie es viele Designer in der Ver-
gangenheit getan haben, die sich mit dem Thema
Einrichtung beschäftigt haben, von Sottsass bis
Sergio Asti, von Gio' Ponti bis Enzo Mari.

**IRMA: Kommunale Orte haben sich in den
letzten Jahren verändert, wie sollen sie sich Ihrer
Meinung nach in Zukunft entwickeln?**
CRISTINA CELESTINO: Die Art, wie wir
Entwürfe und vor allem Architekturen erstellen,
sollte definitiv gemäß dem Thema Nachhaltigkeit
überarbeitet werden. Die Natur und die Vegeta-
tion sollten geschützt und wertgeschätzt werden.
Da der architektonische Ansatz immer humanis-
tischer und gleichzeitig experimenteller wird,
sehe ich Innovationen in Bezug auf Materialien,
Techniken und neue Haltungen oder unerwartete
Funktionen voraus.
Neben den kommerziellen Aspekten erwarte ich
von den Designern, dass sie sich bei ihrer Arbeit
auf „höhere" Werte besinnen, wie das Konzept
der Gemeinschaft, die Bedeutung der Produk-
tionskette, den menschlichen Dialog und die
Interaktion.

**IRMA: Sie sind bekannt für die Gestaltung von
Einzelhandelsflächen, Restaurants und Hotels.
Inwiefern haben sich Kaufhäuser verändert, und
wie kann man ein einzigartiges Einkaufserlebnis**

schaffen, um den stationären Handel wieder in
Schwung zu bringen?
CRISTINA CELESTINO: Ich denke, dass
das Einzelhandelsdesign, wie andere Bereiche
auch, von Veränderungen betroffen ist, die sich
langfristig positiv auswirken könnten. Meiner
Erfahrung nach war es bei der Zusammenarbeit
mit traditionellen italienischen Unternehmen
immer vorrangig, ihrem Erbe, ihren hochwertigen
Produktionsverfahren und ihren stilistischen Vor-
stellungen treu zu bleiben.
Der Flagship Store, den wir für Sergio Rossi entworfen haben, entspricht der Entwicklung, die
die Marke in den letzten fünf Jahren genommen
hat. Das italienische Traditionsunternehmen hat
einen facettenreichen Weg eingeschlagen, der
sich in mehreren Kollektionen niedergeschlagen
hat, die die Entwicklung der Marke durch die
Öffnung zu einer zunehmend fließenden und
nicht schematisierbaren Gesellschaft repräsentie-
ren. Das Geschäft, das hier als Hülle verstanden
wird, ist daher einer neuen Art der Wahrnehmung
gewidmet: einer Idee von Luxus, die durch eine

Oben:
– Eines von Cristina Celestinos
neuesten Projekten ist
die historische Blumen-
boutique Florilegio in der
Via Manzoni in Mailand,
ursprünglich 1886 vom
dänischen Architekten und
Designer Guglielmo Ulrich
erbaut und jetzt von ihr neu
interpretiert.
Links:
– Ein Sofasystem, das die
Designerin für Quinti
entworfen hat, ist eine
Hommage an den italie-
nischen Garten.

Von links nach rechts:
– Das temporäre Café Exotique gestaltete Cristina Celestino für die Messe Maison & Objet in Paris.
– Ihr Kacheldesign für die Firma Fornace Brioni.
– Das Café Exotique auf der Pariser Messe Maison & Objet im Herbst 2022.

materielle und visuelle Erfahrung dekliniert wird, in der das Produkt in seiner reinsten Identität manifestiert werden kann.

Ich glaube, dass das Projekt ein zeitgenössisches Einkaufserlebnis materialisieren soll, bei dem das Produkt der Protagonist innerhalb einer architektonischen Hülle ist, in der Materialität, Licht und Räumlichkeit neue Ausstellungs-kanons definieren.

IRMA: Die Stadtzentren haben sich durch das zunehmende Onlineshopping verändert. Was ist Ihre Vision von einem perfekten Stadtraum?
CRISTINA CELESTINO: Die westlichen Stadtzentren sind seit einiger Zeit großen Verän-derungen unterworfen, schon vor der Pandemie. Spekulation und kommerzielle Strategien ent-leeren die Zentren ihrer historischen Identität und Bedeutung, die ursprünglich aus mensch-lichen Beziehungen bestanden, die um ein Thema herum entstanden sind. Es ist ein unauf-haltsamer Prozess, gegen den sich aufzulehnen sehr schwierig ist: Die Stadtzentren sind heute leere Fenster, in denen man sich spiegeln kann, ohne etwas zu erkennen.

Vielleicht hänge ich einer überholten anthropo-zentrischen Sichtweise an: Die Stadt bleibt für mich der Ort, an dem der Austausch von Reizen und menschlichem Wissen stattfindet, sie ist ein Ort der Konfrontation und der Diskussion, sie ist ein Raum, in dem Kultur durch die Interaktion zwischen den Parteien entsteht. Ich schätze den realen Kontakt zwischen Menschen immer noch mehr als virtuelle Verbindungen.

IRMA: An welchem Projekt arbeiten Sie gerade?
CRISTINA CELESTINO: Zurzeit sind wir mit einem umfangreichen und schönen Wohn-projekt in Rom sehr beschäftigt. Außerdem arbeiten wir mit vielen anderen Unternehmen wie Fendi, Gervasoni und MOOOI zusammen. Ich habe noch nicht die Gelegenheit gehabt, eine Küche für ein führendes Unternehmen der Branche zu entwerfen, was ich aber bald tun möchte. Mein Vorhaben für die Zukunft ist jedoch, die Gelegenheiten, die uns die Gegenwart bieten kann, in vollen Zügen zu genießen und so zu arbeiten, als ob jedes Projekt (Inneneinrichtung oder Produkt) das wichtigste wäre.

Ich mag farbliche Kontraste, so kann man mit Licht und Räumlichkeiten besser spielen und Atmosphäre schaffen.

WOHNEN
mit Farbe

Wandfarben sind nicht nur dekorativ, sie können sogar Ihre Lebensqualität beeinflussen. Farbe wirkt aufmunternd, verbessert die Stimmung und damit das Wohlgefühl in einem Zuhause. Bei der Chromotherapie, auch Farbtherapie genannt, werden bestimmte Farben eingesetzt, um verschiedene Emotionen zu stimulieren und die Gesundheit zu fördern. Viele Architekten und Designer haben schon lange erkannt, dass Farben psychologische Vorteile haben.

Seit den Anfängen der Gestaltung von Wohnräumen haben Architekten, Künstler und Designer versucht, die Missstände in der menschlichen Gesellschaft mit Farben zu behandeln. Denn einige Farben machen Menschen einfach glücklich. Bestimmte Farben – genauer gesagt: ihre Pigmente und Oberflächen – können Licht absorbieren oder einen Raum erhellen. Daher sollten Sie bei der Wahl der Farbe nicht nur Ihren persönlichen Geschmack und Ihre Farbassoziationen berücksichtigen, sondern zudem darauf achten, wie sich ein bestimmter Farbton auf die Helligkeit eines Raums auswirkt.

Während der ästhetische Wert von Farben kaum zur Debatte steht, befassen sich Forscher nach wie vor mit ihrer wissenschaftlichen Bedeutung. In einer kürzlich durchgeführten Studie fanden Experten heraus, dass bestimmte Farbtöne eine

„enorme Wirkung" auf die Psyche des Menschen haben. Rot zum Beispiel kann die Wachsamkeit steigern, Gelb die Konzentration verbessern und Blau das Auftreten von stressbedingten Spannungskopfschmerzen verringern. Die Forscher kamen zu dem Schluss, dass die Chromotherapie, auch wenn sie noch nicht allgemein anerkannt ist, von den Ärzten als „wirksame und ergänzende Behandlungsoption" für Menschen, die sich konventionellen Behandlungsformen unterziehen, angenommen werden sollte.

Aber auch für diejenigen unter uns, die nur einen kleinen Stimmungsausgleich brauchen, kann Farbe hilfreich sein. Designer wissen, dass Farbe die architektonischen Merkmale eines Raumes hervorheben und damit das Gefühl, das man in einem Raum hat, beeinflussen kann. Wie subjektiv Farbe auch sein mag, es besteht kein Zweifel

Von links nach rechts:
– Für meine Illustrationen benutze ich meist Wandfarbe, so bekomme ich ein gutes Gefühl für Texturen und Farbzusammenstellung.
– Schwarz-Weiß ist eine gute Kombination, wenn sich irgendwo Farbe dazugesellt.
– Farbkollagenskizze von IRMA.

daran, dass kräftige Farbtöne bei Menschen einen großen Eindruck hinterlassen und zarte Farben eher beruhigen und harmonisieren.

Interessant ist außerdem, wie farbige Wände zu unterschiedlichen Jahreszeiten und Tageszeiten wirken. Wenn man sich unsicher ist, sollte man Beratungen von Farbherstellern nutzen und Rat einholen, bevor man die Wände streicht.

Ich richte mein HOMEOFFICE *ein*

Zu Hause zu arbeiten ist den letzten Jahren eine Notwendigkeit geworden, gibt einem aber auch gewisse Freiheiten. Passen Sie Ihr Homeoffice an Ihre Persönlichkeit und Ihre Interessen an. Das Ziel ist es, einen Ort zu schaffen, an dem Sie sich jeden Tag auf die Arbeit freuen. Im Folgenden finden Sie Tipps, die Ihnen bei der Gestaltung Ihres Homeoffice helfen.

BESTANDSAUFNAHME.

Stellen Sie eine Liste mit den Geräten, Materialien und Ordnern zusammen, die Sie für die tägliche Arbeit benötigen. Berücksichtigen Sie die Anzahl der Stunden, die Sie täglich am Computer verbringen werden, oder ob Sie einen Ort für Kundentermine in Ihrer Wohnung brauchen. Möchten Sie lieber an einem Stehpult arbeiten oder im Sitzen?
Die Aufstellung gibt Ihnen einen Anhaltspunkt dafür, welche Prioritäten Sie bei der Auswahl von Büromöbeln setzen sollten.

INTEGRATION.

Wenn Sie ein Homeoffice in einem Hauptwohnbereich einrichten möchten, sollten Sie nach ästhetisch ansprechenden Möglichkeiten suchen, um einen optisch abgegrenzten, aber doch harmonischen Raum zu schaffen. Das Homeoffice sollte sich ästhetisch in das Gesamtdesign einfügen. Vielleicht können Sie einen Paravent, ein Bücherregal oder Pflanzen als Abtrennung einsetzen.

MEHRFACHNUTZEN.

Schauen Sie sich die Möbel an, die Sie bereits haben, und überlegen Sie, ob Sie sie als Stauraum oder Stellfläche in Ihrem Heimbüro verwenden können. Eine antike Kommode kann etwa für Drucker und Büromaterial, ein Couchtisch mit Schublade für die Aufbewahrung von Akten oder Materialien genutzt werden.

SITZPLATZ.

Setzen Sie sich niemals mit dem Rücken zur Tür! Sie wollen doch alles im Blick behalten. Und suchen Sie sich einen Platz mit Ausblick. Niemand möchte den ganzen Tag an eine Wand starren.

HOMEOFFICE NIEMALS IM SCHLAFZIMMER!

Dass Sie Ihre Arbeit nicht mit ins Bett nehmen wollen, ist klar. Sie möchten aber auch nicht mit Gedanken an die Arbeit einschlafen oder durch die Elektronik im Schlafzimmer womöglich gestresst werden.

DEKORIEREN.

Verwenden Sie Kunst, Leuchten und andere dekorative Elemente, um sicherzustellen, dass Ihr Homeoffice nicht nur funktional ist. Die besten Büroräume erzählen eine Geschichte über die Person, der sie gehören. Seien Sie kreativ bei der Auswahl von Farben, Materialien, Beleuchtung, Accessoires oder Blumen, so können Sie Ihr Büro leicht in Ihr Lieblingszimmer im Haus verwandeln.

Ich benötige hauptsächlich Licht und Bücher für Skizzen.

IRMA ist Minimalistin
und braucht nur wenig
in ihrem Büro.

Ausstellung von IRMA in dem Münchner Architekturbüro Seven Eloin.

PETERSBURGER HÄNGUNG

Wie gestalte ich eine Petersburger Hängung? Ob mit gesammelten Visuals aus der ganzen Welt, fotografischen Arbeiten oder Bildern aller Art – die Petersburger Hängung ist ein Klassiker, der eine Wand verschönert und dem Raum eine gewisse Ausstrahlung verleiht.

Ich suche gern nach Werken, die miteinander in Dialog treten – sei es in Bezug auf die Textur, die Farben oder das Motiv – und sich irgendwie verbinden. Wenn man jedoch verschiedene Medien mischt, etwa Malerei, Fotografie oder Skulptur, oder alle Arten von Rahmungen, besteht die Gefahr, dass das Gesamtbild unruhig erscheint, was das Auge überfordern kann. Zunächst sollte man es daher insgesamt etwas ruhiger angehen.

Nachdem Sie die Werke, die Sie aufhängen möchten, ausgewählt haben, schieben Sie sie auf dem Fußboden hin und her, bis Ihnen eine Komposition gefällt. Beginnen Sie dabei unten in der Mitte und arbeiten Sie sich nach oben und außen vor. Positionieren Sie das größte Kunstwerk nicht in der Mitte, sonst drohen alle anderen Bilder zur Nebensache zu werden.

Eine Möglichkeit, die Hängung zu organisieren, ist, die Abstände zwischen den Stücken gleichmäßig zu halten. Oder Sie reihen die Ober-, Unter- oder Seitenflächen mehrerer Stücke aneinander. Wenn Sie sich für eine Anordnung entschieden haben, schneiden Sie Stücke aus braunem Papier aus, die den Größen der Dinge entsprechen, die Sie aufhängen möchten, und kleben sie an die Wand. Auf diese Weise bekommen Sie ein Gefühl für die Wirkung und können die Anordnung überprüfen, bevor Sie die Werke tatsächlich an der Wand befestigen.

Im Grunde ist das Ganze wie die Komposition eines Gemäldes, und man kann die Hängung eigentlich als Kunstwerk ansehen, das aus mehreren Werken besteht.

Wer eine Petersburger Hängung über einen längeren Zeitraum hinweg entstehen lassen möchte, der beginnt einfach in der Mitte mit zwei bis drei zusammengestellten Werken und arbeitet sich dann, wenn etwas Neues dazukommt, von dort aus nach außen vor.

Die Wandfarbe und die Möbel beeinflussen die Hängung und die Gesamtatmosphäre des Raumes.

TRAVEL

DIE ESSENZ
der Reise

Viele erinnern sich gerne an ihre Kindheit, als man jedes Jahr an die gleichen Orte
gereist ist, im Sommer ans Meer, im Winter in die Berge. Irgendwie war das ein
wunderbar vertrautes Gefühl, und man hat diese Orte lieb gewonnen.
Heute ist Reisen eine Form von Luxus. Für manche gilt nur weiter, größer, teurer,
andere wollen Orte entdecken, die authentisch sind, die einem eine neue Welt eröffen,
und einige wollen einen Platz finden zur Erholung und der einen glücklich macht.
Für IRMA ist Reisen Schauen, Sammeln, Genießen und Entdecken. Manchmal liegt
das Reiseziel ganz nah, manchmal auch am anderen Ende der Welt.

„Eine kleine Reise ist genug, um uns und die Welt
zu erneuern."

Marcel Proust

In ihrem Urlaub möchte
IRMA etwas erleben. Lang-
weilig darf es nicht sein.

Was für ein
REISETYP
bin ich?

Damit die Erwartungen, die man an eine Reise hat, auch bestmöglich erfüllt werden, ist es sinnvoll, sich gut darauf vorzubereiten. Stellen Sie sich vorab einige Fragen, um das perfekte Ziel zu finden und die Reise zu einem Erfolg zu machen.

1. **Was erwarte ich von meinem Urlaub? Wie stelle ich mir die Tage vor?**
   Überlegen Sie sich, welches Gefühl Sie gerne hätten, wenn Sie auf Reisen sind.

2. **Was sagt mein Körper? Ruhe oder Entdeckungsreise? Städtetrip oder Resort-Urlaub?**
   Horchen Sie in sich hinein, um herauszubekommen, was Ihnen guttut bzw. was Körper und Geist aktuell brauchen.

3. **Welches Hotel passt zu mir?**
   Googeln Sie das Hotel, folgen Sie der Seite auf Instagram und schauen Sie, welche Kommentare das Hotel zu den jeweiligen Bildern bekommen hat. Wer folgt diesem Hotel noch? So können Sie sich die Profile der Gäste ansehen und erfahren mehr über das Publikum. Meiner Meinung nach ist diese Art von Recherche aussagekräftiger als Tripadvisor.

4. **Wie komme ich an mein Ziel?**
   Oftmals ist die Reise an sich schon ein wichtiger Teil des Urlaubs. Lohnt es sich, an besonderen Stationen haltzumachen, gibt es unterwegs etwas Sehenswertes? Liegt der Wohnort von Freunden auf dem Weg?

5. **Wie viel Zeit habe ich vor Ort, und wirken klimatische Veränderungen oder Zeitverschiebungen eventuell negativ auf meine Erholung ein?**
   Das vergisst man schnell, aber wer unter Jetlag leidet, verliert gleich mal zwei wertvolle Tage seines Urlaubs.

6. **Passt das Reiseziel zu meiner Persönlichkeit und der Art, wie ich lebe?**
   Das ist ausschlaggebend dafür, ob man sich gleich an seinem Ziel wohlfühlt. Reisen haben sehr stark etwas mit Persönlichkeit und Lebensart zu tun, daher sollte man zum Beispiel nicht an angesagte Trend-Orte fahren, wenn sie nicht zu einem passen.

7. **Was kann ich von meinem Reiseziel mitnehmen? Was lerne ich von dem Ort, der Mentalität der Menschen und der geografischen Lage?**
   Es gibt nicht Besseres, als angefüllt mit neuem Wissen, Inspiration und Ideen von einer Reise nach Hause zurückzukommen.

8. **Wann kann ich in mein Hotelzimmer, und was bietet das Hotel an, um die Wartezeit zu überbrücken, sodass der Ankunftstag schon gleich ein Ferientag wird?**
   Meistens kann man erst um 15 Uhr in sein Zimmer, doch vielleicht gibt es einen Beach Club im Hotel, in dem Sie sich die Zeit vertreiben können. Achten Sie darauf, etwas Passendes zum Anziehen parat zu haben.

9. **Mit wem fahre ich in den Urlaub?**
   Die wichtigste Frage überhaupt! Auf jeden Fall lieber allein als mit der falschen Reisebegleitung.

Quellen der INSPIRATION

Wie bereitet man sich am besten auf seinen Urlaub vor, und welche Quellen sind dafür zu empfehlen? Sind es Reisebücher zu speziellen Themen, die in einem die Wanderlust wecken? Oder beeinflusst der Rat von Freunden die Entscheidung? Manchmal kann einen auch ein Foto auf Reisen schicken oder ein ganz besonderes Hotel, Restaurant, eine Architekturgeschichte über ein Haus am Nil oder ein Bericht über die besten Straßencafés in Jaipur.

Durch die sozialen Medien ist alles sehr transparent geworden, und Google Maps kann einem die Umgebung auch des kleinsten Dorfes in Finnland zeigen. Es gibt also viele Möglichkeiten, sich für eine Destination inspirieren zu lassen. Im Folgenden habe ich einige Tipps dafür zusammengestellt.

PATHPORT

Ein digitales Reisemagazin. Laurence Delebois ist die Gründerin von Pathport, einer Seite, auf der man sich über den Onlineshop für 9 Britische Pfund City Guides zu verschiedenen Städten herunterladen kann. Jeder City Guide enthält schöne Fotos und gut recherchierte Texte.

GOOP

Das digitale Magazin von Gwyneth Paltrow berichtet über viele Reisethemen und ist bekannt für seine City Guides. Die Seite hat besonders gute Tipps für Reisen in die USA, außerdem findet man noch Reisetipps für die Gesundheit.

CONDÉ NAST TRAVELLER

Ein Klassiker, der immer wieder erfasst, was gerade in der Reiseindustrie Trend ist. Ob die Country Side Hotels in Südengland oder die neuesten Städtereisen, hier erfährt man in typischer *Vogue*-Bildsprache, wo man elegant seine Ferien verbringen kann.

BOUTIQUE HOMES

Für alle, die noch kein eigenes Ferienhaus besitzen, es aber gerne hätten. Schon für einen kurzen Zeitraum kann man sich geschmackvoll eingerichtete Häuser, teilweise von namhaften Architekten, mieten. Und das oftmals zu einem guten Preis. Der Clou ist, dass man in einem schönen Ambiente Ferien macht, egal, ob man sich in einer Stadt oder auf dem Land, am Meer oder in den Bergen befindet.

T-MAGAZINE

Das Style-Magazin der *New York Times* berichtet täglich von Plätzen, die es wert sind, besucht zu werden. Abonnieren Sie T Wanderlust, den Reise-Newsletter, der Sie wöchentlich über die neuesten Hotels, Restaurants, Galerien und Plätze auf der ganzen Welt informiert. Selbst wenn man noch nicht persönlich vor Ort war, hat man beinahe das Gefühl, schon mal da gewesen zu sein, so gut gemacht sind sogar die Storys auf Instagram.

YOLO

Ein Reisemagazin in digitaler und gedruckter Form von Yolanda Edwards, einer ehemaligen Reisejournalistin und Bildredakteurin von Condé Nast. Sie stellt auf ihrem Instagramprofil die schönsten Orte der Welt vor, die sie selbst bereist hat. Ihr Newsletter erzählt auf eine sehr persönliche Art von diesen Plätzen.

IRMA trägt eine
Gucci-Tasche.

IRMA fährt im Urlaub
gern ans Meer …

ANS MEER
oder in die Berge?

Es gibt viele Hotels mit verschiedenen Ideen, für die sie stehen. Einige haben ein
Konzept gefunden, das sie nicht nur erfolgreich macht, sondern auch wegweisend in der
Hotellerie etabliert. Ich habe mir zwei sehr unterschiedliche Häuser angeschaut,
ein seit Generationen privat geführtes Hotel am Meer und ein neues Alpine Resort in
den Dolomiten, und die Gründerinnen der beiden Hotels interviewt.

... gondelt aber auch
gern durch die Berge.

Marie Louise Sciò hat aus ihrem traditionellen, luxuriösen Familienhotel Il Pellicano in Porto Ercole eine Brand geschaffen, indem sie das Haus nicht nur optisch vom Interior her edler ausgestaltet hat, sondern gleichzeitig internationale High-Luxury-Fashion-Kollaborationen initiiert hat, um als Plattform für weltweiten Luxus zu dienen. Sie hat sich vom klassischen Hotelformat weiterentwickelt und zum Beispiel

mit dem Fotografen Jürgen Teller ein Buch produziert *(Verlag Assouline)*, das das Hotel von einer anderen Seite zeigt.

Als Alpine Resort hat mich das FORESTIS, ein 5-Sterne-Hideway in Südtirol, fasziniert, dessen Mitgründerin Teresa Unterthiner mit ihrem Partner Stefan Hinteregger das Haus zu einem Kraftort in den Bergen gemacht hat. Beide konzentrie-

ren sich auf das Wesentliche, das ihnen vor Ort gegeben ist: die Natur als Möglichkeit für Regeneration und Heilung.

Beide Hotels könnten nicht unterschiedlicher sein, doch etwas haben sie gemeinsam: eine stringente Idee, die die Betreiber von Anfang an verfolgen, und die sensible Wahrnehmung dessen, was man sich heute von einem Hotel wünscht.

Marie-Louise Sciò.

IRMA am Pool vom
Hotel Pelicano.

DAS HOTEL
am Meer

Marie-Louise Sciò erfindet das Hotel Il Pellicano neu, ohne dessen Tradition und Charme zu verlieren. Mittlerweile
ist das Unternehmen eine Brand, die für luxuriösen italienischen Lifestyle steht. Die drei edlen Boutiquehotels
Il Pellicano in Porto Ercole, La Posta Vecchia in Palo Laziale und das Mezzatorre auf Ischia gehören zu der italienischen
Pellicano Hotels Group, die zudem seit 2020 ISSIMO, die digitale Erweiterung der Gruppe, umfasst.
Heute wird Il Pellicano von der Tochter des Gründers, Marie-Louise Sciò, als Geschäftsführerin und Kreativdirektorin
geführt. Bald über einen kleinen Kreis eingeweihter Insider hinaus bekannt, ist es ihr gelungen, durch verschiedene
Kooperationen mit namhaften Marken und Designern eine Welt zu erschaffen, die in der Luxushotellerie einzigartig ist.

**IRMA: Du bist an diesen schönen Orten auf-
gewachsen, im Hotel Il Pellicano und La Posta
Vecchia. Welches Bild hast du vor Augen, wenn
du an diese Hotels denkst?**
MARIE-LOUISE SCIÒ: Bei Il Pellicano habe
ich das Bild von mir selbst als sehr junges Kind,
das sich hinter den Büschen versteckt und alle
Erwachsenen ausspioniert.
Bei La Posta Vecchia habe ich ein Bild von mir
als jungem Mädchen, wie ich Verstecken spiele –
was Tage gedauert hat!

**IRMA: Drei Hotels mit unterschiedlichen
Geschichten, aber auch vielen Gemeinsamkeiten.
Wie strukturierst du deinen Alltag?**
MARIE-LOUISE SCIÒ: Die Pellicano Hotels
Group umfasst unsere drei Hotels in Italien,
Il Pellicano, La Posta Vecchia, Mezzatorre, und
dazu ISSIMO, die digitale Erweiterung unserer
Pellicano-Welt. Kein Tag ist wie der andere, und
es wird nie langweilig. Ich bin sehr beschäftigt
und kümmere mich um vieles, vom kleinsten
Detail bis zur großen Strategie.

Wenn wir die Saison eröffnen, verbringe ich meine Zeit damit, für die drei Hotels alle Details zu orchestrieren, um sicherzustellen, dass für unsere Gäste alles stimmt, von den Menüs bis zur Musik, den Boutiquen und den Cocktails. Alles. Ich kuratiere die einzelnen Elemente und füge das Ganze zusammen, um ein nahtloses sensorisches Erlebnis zu schaffen.

Seit 2020 kuratiere ich auch für ISSIMO, die digitale Erweiterung unserer Pellicano-Welt, in der man die verschiedenen Spitzenleistungen Italiens kennenlernen kann. Ich bin zwischen Nord- und Süditalien unterwegs und suche nach dem Besten, was dieses Land zu bieten hat, aus Mode, Essen, Design und Kultur. Ich bin unterwegs und entdecke Reiseziele, besondere Orte, Handwerker, treffe fabelhafte Menschen. Und diese Erfahrung bringe ich bei ISSIMO ein, um einen hochwertigen italienischen Lebensstil zu zeigen, den die Menschen online miterleben können.

IRMA: Die Zusammenarbeit mit Birkenstock war für beide Partner wegweisend. Was war der Auslöser?

MARIE-LOUISE SCIÒ: Birkenstock hatte schon immer eine ähnliche Denkweise wie ich und unsere Hotels: Weniger ist mehr. Es geht nicht um Trends oder Saisons, sondern um zeitlose Qualität. Ich trage im Sommer ständig Birkenstock, aber ich brauchte eine elegantere Version des Schuhs, die für Tag und Nacht passt. Daher die Idee für die Zusammenarbeit. Ich wollte etwas schaffen, was Stil und Funktion verbindet und einen Hauch von Italianità und Pellicano-Stil hinzufügt.

IRMA: Presse und die sozialen Medien spielen eine wichtige Rolle in eurem Marketing. Wie verträgt sich das mit der Exklusivität und dem Memberclubfeeling?

MARIE-LOUISE SCIÒ: Es ist ein Einblick in unsere Welt, aber um die Magie wirklich zu spüren, muss man sie erleben.

IRMA: Wohin geht die Reise? Sehnst du dich nach einem Platz in den Bergen für den Winter? Falls ja, hast du schon eine Vorstellung davon, wie es aussehen könnte?

MARIE-LOUISE SCIÒ: Wir halten immer die Augen offen. Es muss in unsere Welt passen. Du wirst davon erfahren.

IRMA: Was macht ein Hotel für dich einzigartig, wenn du ein Urlaubsziel für dich selbst suchst?
MARIE-LOUISE SCIÒ: Die Summe aller Teile.

IRMA: Das perfekte Zimmer eines Luxushotels sieht aus und fühlt sich an wie …
MARIE-LOUISE SCIÒ: Es gibt keine Formel. Luxus ist individuell.

KOFFER PACKEN

Wer zum ersten Mal im Il Pellicano ist, dem empfehle ich eine Kleiderauswahl, die hochwertige Materialien sowie leicht verspielte Details berücksichtigt und Ausdruck der eigenen Persönlichkeit ist. Zum Aperitivo ist man von den Special-House-Cocktails für sein Outfit inspiriert, das man gerne mit auffälligem Schmuck und Accessoires unterstreichen kann. Wer das Gefühl hat, noch nicht richtig angekommen zu sein, der sollte in der Hotelboutique einkaufen gehen, wo man die kuratierten Labels der Saison, passend zum Hotel, und die ein oder andere exklusive Kollaboration findet.

Von links nach rechts:
Oben:
– Il Pellicano Beach Club.
– Die Day Bar.
– Die Hotelboutique.
– Jasmin auf dem Weg ans Meer.

Mitte:
– Treppen zum Wasser.
– Badezimmer-Design von Marie Louise, CEO und Creative Director des Il Pellicano.
– Das Hotel ist bekannt für ausgewählte Fashion-Kollaborationen und stilvolle Details mit dem beliebten Streifenmuster.

Unten:
– Der Pool mit Aussicht.
– Das Day-Boot lädt zu Tagesexkursionen an der Küste ein.
– Frühstück auf der oberen Veranda.
– Blick von einer Plattform im Beach Club.

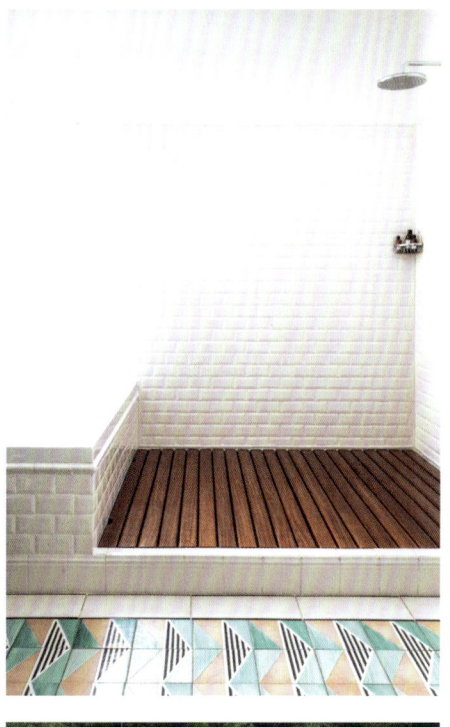

Von links nach rechts:

Oben:
– Dadurch, dass jeder Tisch wie
  eine private Sitzecke gestaltet
  ist, entsteht ein Speisesaal mit
  großer Privatsphäre.
– Im Gespräch mit Teresa
  Unterthiner.
– Die Treppe aus regionalem
  Naturstein führt in den Spa-
  Bereich und imitiert die Form
  eines Fossils.

Mitte und unten:
– Die drei Türme waren zunächst
  sehr umstritten, doch man hat
  sich schnell mit dem modernen
  Bau angefreundet, da er zu
  100 Prozent aus regionalen Bau-
  materialen wie Holz und Stein
  besteht und die Baumhöhe nicht
  überschreitet.
– Jedes Zimmer im Hotel gewährt
  einen atemberaubenden Blick
  auf die imposante Bergkette der
  Dolomiten.

Der Platz
IN DEN BERGEN

Ich treffe Teresa Unterthiner zum Interview, die Mitgründerin von FORESTIS,
einem alpinen Retreat in den Dolomiten. Einem Ort, an dem alles authentisch ist,
vom Trockenblumenstrauß bis zum Gebirgsstein in den Badezimmern.
Eine neue Art nachhaltiger Hotelierskunst, die die Gäste in ihren Bann zieht.

IRMA: Du kommst aus Südtirol, hast Immobilienentwicklung in Asien studiert und bist mit einem Konzept für ein einzigartiges Hideaway in die Dolomiten zurückgekehrt. Was war die Idee?
TERESA UNTERTHINER: Wir wollten ein authentisches Konzept schaffen, das mit den Inspirationen und Ideen aus der Region des Hotels verwurzelt ist. Südtirol ist eine sehr naturverbundene und eigenständige Region. Wir erzeugen unsere eigene Energie, sind reich an Landwirtschaft, produzieren Weine und haben eine sehr alte Geschichte, die wir in unser Hotelkonzept integrieren wollten. Wir sind beide weit gereist und haben uns inspirieren lassen, aber wir wollten nicht einfach Ideen kopieren und umsetzen. Wir haben das Gefühl und die Umsetzung von Konzepten aus dem Ausland übernommen und die Quintessenz für unseren Kontext in Südtirol weiterentwickelt. In unserer Blumendekoration wirst du zum Beispiel niemals Orchideen sehen, sondern nur Sträuße aus getrockneten heimischen Blumen. Das Trocknen von Blumen ist hier in den Bergen ein besonderer Brauch. Die alten Bauernhäuser haben einen speziellen Raum, in dem Sommerblumen zum Trocknen vorbereitet werden, damit sie in den dunklen Wintermonaten als Dekoration verwendet werden können. Wir haben diese Logik für viele Kategorien innerhalb von FORESTIS übernommen.

IRMA: Die Architektur ist zum einen sehr authentisch – ihr habt die drei Türme mit lokalem Stein, Holz und Glas gebaut und das ältere Haus in seiner ursprünglichen Form renoviert –, zum anderen sicherlich auf Protest gestoßen. Erzähl mir mehr über eure Vorstellung von einem modernen Gästezimmer im FORESTIS?
TERESA UNTERTHINER: Es gibt keinen Elektrosmog im Zimmer, und der Fernseher kann zum Beispiel vollständig abgeschaltet werden. Wir haben alle Stand-by-Leuchten im Zimmer eliminiert, weil wir einen perfekten Raum für einen gesunden Schlaf schaffen wollten. In den Türmen sind die Zimmer komplett in Fichte und im älteren Teil mit Lärche verkleidet, was beides für einen erholsamen Schlaf sorgt. Wir möchten, dass der Gast nachts bestens schläft und tagsüber von unserer energiegeladenen Natur und Umgebung gestärkt wird. Das Badezimmer ist aus poliertem Stein und hat keine Fugen, was sehr hygienisch und gut zu reinigen ist. Dadurch können wir milde Reinigungsmittel verwenden, die nicht zu viele Giftstoffe an das Grundwasser abgeben. Außerdem nutzen wir Energie aus Wind- und Wasserkraft. Wir wollten einen Ort kreieren, der nicht nur großartige Architektur, Dine & Wine und Spa vereint, sondern auch ein Ort der Freundlichkeit ist, was durch unsere Mitarbeiter vermittelt wird.

IRMA: Ihr habt vier Jahre gebraucht, um das Spa-Konzept zu entwickeln.
TERESA UNTERTHINER: Ja, denn wir wollten ein Wellnesskonzept ausarbeiten, das seinen Ursprung in europäischen Regionen hat. Deshalb haben wir uns für Wyda entschieden, eine Art keltisches Yoga, das in der Natur praktiziert wird und mit den Energien unserer Region arbeitet. In unserem Konzept verwenden wir regionale Materialien wie die vier Holzarten der Region, Zirbe, Lärche, Fichte und Latsche – sei es eine Massage mit passenden Ölen von jedem Baum, die von unserer eigenen Apotheke hergestellt werden, oder eine Pediküre mit Bio-Nagellack und Badesalz aus der Region. Die Architektur im Spa ist so gestaltet, dass man während der Behandlung durch die geschlossene Tür nichts hören kann. Alle Lichter im gesamten Hotel entsprechen mit LEDs des italienischen Herstellers Viabizzuno zu 98 Prozent dem echten, natürlichen Licht.

IRMA: Wie würdest du FORESTIS beschreiben?
TERESA UNTERTHINER: FORESTIS ist nicht nur ein Hideaway, dem eine authentische Betreuung seiner Gäste wichtig ist, sondern auch ein Ort zum Auftanken und um das Wissen unserer Region weiterzugeben.

DIE NATUR IST HIER DAS KAPITAL

Ich habe das FORESTIS sowohl im Winter als auch im Sommer besucht und die Energie, die von der Natur und vor allem von der Plose-Quelle ausgeht, leibhaftig gespürt. Es ist ein Ort, an dem man nicht genug von der Natur bekommt – ob beim Schwimmen im geheizten Outdoorpool oder auf der holzvertäfelten Terrasse mit Daybed, die die Sonnenenergie speichert und an einen abstrahlt, wenn man sich zum entspannten Mittagsschlaf zurückzieht. Die Küche arbeitet viel mit Kräutern, Beeren und Pilzen aus der Gegend, je nach Jahreszeit frisch oder eingeweckt. Und der umliegende Wald lädt zu langen Spaziergängen, Wanderungen und Meditation ein.

Das Leben ist eine Reise.
Nimm nicht zu viel Gepäck mit.

Billy Idol

Ideen für
LEICHTES GEPÄCK

Kommen Sie nicht auf die Idee, Dinge in den Urlaubskoffer zu packen, die Sie mal für einen besonderen Anlass gekauft, aber noch nie getragen haben. Ich garantiere Ihnen, dass sie diese Teile auch im Urlaub niemals anziehen werden.
Da es immer teurer wird, Gepäck aufzugeben, habe ich mir angewöhnt, nur noch mit Handgepäck zu reisen, und es funktioniert hervorragend. Zu jeder Jahreszeit!
Hier IRMAs Tipps:

1. Informieren Sie sich über das Wetter an Ihrem Reiseziel und planen Sie für jede Situation ein passendes Outfit. Dabei ist es wichtig, dass sie zum Beispiel Funktionskleidung mitnehmen, die sich leicht verstauen lässt. Sie brauchen auch nicht zehn Paar Tennissocken, sondern nur zwei, denn die können Sie nach dem Match leicht mit dem Hotel-Shampoo im Waschbecken waschen. Denken Sie in Schichten, das Wetter kann sich schließlich stetig ändern. Und natürlich sieht die Funktionskleidung bei einem Boattrip, der in Porto Cervo startet, anders aus als bei einem Wochenende in den Bergen.

2. Planung ist alles. Legen Sie sich zu Hause Ihre Outfits so zurecht, wie Sie sie auch tragen werden. Was ziehen Sie am Tag eins morgens zum Yoga an (Leggins von Tory Sport), was für den Strand (Johanna Ortiz) und was zum Abendessen (Leinenkleid von Chloe)? Es ist auf jeden Fall sinnvoll, schon vorab grob die Garderobe zu durchdenken. Beachten Sie dabei die Materialien. Ein Beachkleid aus Frottee oder leichtem Leinen ist bei Wärme angenehm zu tragen, aber wenn es abends kühler wird, braucht man festere Stoffe.

3. Nehmen Sie genügend Accessoires mit, die jeden Look verändern können und wenig Platz benötigen, etwa Foulards (Vintage von Gucci & Hermès), die man als Kopfbedeckung, Top, Farbtupfer an der Tasche, Halstuch, Gürtel oder sogar Tasche nutzen kann, wenn man sie richtig bindet. Gürtel und Bänder sind perfekte Stylinghilfen und können einen bequemen Kaftan im Nu zu einem sexy Kleid verwandeln.

4. Schmuck kann jedes Outfit verändern: Große Ohrringe, einen Armreif (von Elsa Peretti für Tiffanys) oder eine Vintage-Brosche, um Stoff zu einer neuen Silhouette zu formen, sollte man immer im Gepäck haben oder am besten gleich tragen, um Platz zu sparen. Modeschmuck eignet sich besser für den Urlaub als echter Schmuck. Setzen Sie auf farbige Steine und außergewöhnliche Formen (Bottega Veneta).

5. Im Winter ist Packen leichter, obwohl die Kleidung dicker und schwerer ist. Aber man kann bereits im Schichtenlook reisen. Da Pullis viel Raum im Koffer einnehmen, kann man beispielsweise einen tragen, den zweiten als Schal über die Schultern legen und sich den dritten um die Hüften binden. Somit ist der Koffer schon mal um drei Pullover leichter.

6. Packen Sie Kleidung ein, die sich unterschiedlich nutzen lässt, etwa Wendejacken, Hosen, die sich leicht hochkrempeln lassen und als Culotte zu Stiefeln passen, oder Schals, die als Poncho oder Westen verwendbar sind.

7. Bei der Skincare ist es ähnlich. Erkundigen Sie sich, was das Hotel vor Ort in den Zimmern ausliegen hat, und nehmen Sie Produkte mit, die mehrfach einsetzbar sind, zum Beispiel eine Waschcreme, die sich auch als Maske oder Nachtpflege verwenden lässt, ein Gesichtsspray, das reich an Feuchtigkeit ist und somit die Tagescreme mit abdeckt. Die meisten Kosmetikmarken haben mittlerweile auch Reisegrößen im Sortiment, sodass Sie Platz sparen und trotzdem die gewohnte Pflege genießen können.

8. In den Sommerurlaub sollte man von jeder Sache nur eine Version mitnehmen, also etwa eine Jeans und ein Paar hohe Schuhe. Meistens trägt man im Urlaub, wenn man einmal im Relax-Modus ist, sowieso nur flache Schuhe und die eine Lieblings-Jeans (meine bevorzugte Marke ist übrigens MOTHER). Weniger ist in diesem Fall mehr, ich brauche nur die Mules von Manolho Blahnik und meine Lieblingsstilettos von Aquazzura.

9. Es ist tatsächlich besser, Kleidungsstücke im Koffer zu rollen und nicht zusammenzulegen, damit sie knitterfrei ankommen. Stopfen Sie Taschen und Schuhe mit Lingerie und Strümpfen aus.

Handbemalter Minikorb von IRMA,
perfekt als Handtasche am Abend
mit Seidenfoulard oder tagsüber für
den Strand.

Accessoires sind das Wichtigste im Reisegepäck. Sie beanspruchen nicht viel Platz und können einen Look schnell verändern.

WAS PACKE
ich ein?

An sich hat jeder seinen persönlichen Stil, doch ich habe festgestellt, dass sich der bei mir je nach Destination immer ein wenig ändert. Grundsätzlich habe ich in meinem Koffer stets eine Mischung aus Lieblingsteilen, ein paar Accessoires, die jedem Outfit eine spezielle Note geben können, und dazu noch einige Stücke, die ich mit dem Ort assoziiere. Und ich mache mir Gedanken darüber, was ich sicher nicht brauche; zum Beispiel würde ich nie mit Shorts nach Marokko reisen oder mit einem Business-Anzug an die Côte d'Azur.

Wenn ich überlege, was ich vor Ort anziehen möchte, gehe ich auch besonders gerne in Vintage-Shops und kaufe mir das ein oder andere Teil, das mich in Vorfreude auf die Reise versetzt. Ich glaube, und das habe ich meinen persischen Wurzeln zu verdanken, dass man sich gleich wohler fühlt, wenn man etwas Neues oder Besonderes trägt. Und dieses Wohlfühlen ist ideal, um sich schnell zu akklimatisieren. Der englische Leder- und Schreibwaren-Spezialist Smythson hat ein Notizbuch entwickelt, in dem man festhalten kann, was man wo getragen hat. So bekommen Kleider plötzlich eine ganz neue Bedeutung, und man erinnert sich ein Leben lang daran.

Von links nach rechts:
Oben:
– Denim-Anzug von Ralph Lauren in London.
– Tory Burch, Kaftan-Kleid, Hotel Aman, Venedig.
– Jasmin Khezri Collection, Sommer 2022 in München.
– Etro-Kleid, Marbella.

Mitte:
– Jasmin Khezri Collection, Sommer 2021, Hotel Bauer, Venedig.
– Vintage-Louis-Vuitton-Bikini, Hotel Aman, Marrakesch.
– La Double JJ, Hotel Les Roches Rouges, Saint-Raphael.
– Tory Burch, Marrakesch.

Unten:
– Hermès-Pullover und Miu-Miu-Tasche in der Ferme de Marie in Mégéve.
– Etro-Lammfelljacke in Aix-en-Provence.
– Tory-Burch-Mantel in Paris.
– Sportmax in Paris.

STYLE DIARY
Machen Sie ein Style Diary von Ihrem Ferien-look. Das ist nicht nur ein schönes Souvenir, Sie behalten auch in Erinnerung, was Sie wann getragen haben.

Von links nach rechts
Oben:
– Rock aus der Jasmin Khezri Collection, Sommer 2022, mit einer Vintage-Bluse von Chanel, Cap d'Antibes.
– Kaftan Jasmin Khezri Collection, 2019, Riad Mena, Marrakesch.
– Jasmin Khezri Collection, Winter 2021 in Paris.
– Etro-Kleid in Madrid.

Mitte:
– Chanel in Madrid.
– Prada in Franciacorta.
– Friendly Hunting, Algarve.
– Jasmin Khezri Collection, Kaftan in Galle, Sri Lanka.

Unten:
– Jasmin Khezri Collection, Sommer 2023, Mailand.
– Hermès-Bikini und Rue-de-Verneuile-Tasche in Cannes.
– Tory Burch in St-Paul-de-Vence.
– Miu-Miu-Cape in Österreich.

VERÄNDERUNG
tut gut

Es muss nicht immer der lange Urlaub sein, auch Kurzreisen haben viele Vorteile. Sie bereichern den Geist und fördern Flexibilität und Kreativität. Allerdings ist es bei einer Kurzreise oder einem Wochenendtrip besonders wichtig, im Vorfeld alles möglichst gut zu planen, sodass man die Zeit optimal nutzen kann. Als Ansporn ein paar einfache Tipps und Hinweise dazu:

1. Beachten Sie die Flugzeiten. Buchen Sie möglichst so, dass sie effektiv genügend Zeit am Zielort verbringen können. Achten Sie auf Transfermöglichkeiten, die komfortabel sind und Zeit sparen.

2. Am besten eignen sich Städtereisen für einen Kurztrip. An sich sind es kleine Studienreisen, denn man kommt meistens mit viel Inspiration zurück.

3. Es ist bewiesen, dass Menschen, die öfter einen Kurztrip unternehmen, glücklicher, ausgeglichener und entspannter sind.

4. Durch viele Kurztrips lernt man zahlreiche Orte kennen, und das Reisen wird zur Gewohnheit. Das bedeutet, dass die Reise wesentlich entspannter verläuft, da man eine gewisse Routine entwickelt.

5. Man sollte die Art der Kurztrips variieren. Jedes zweite Wochenende eine Städtereise ist nicht nur anstrengend und kostenintensiv, sondern verliert auch an Reiz. Perfekt ist zum Beispiel, nach einer Städtereise als nächste Unternehmung etwas Naturnäheres auszusuchen, etwa ein Wochenende in den Bergen.

6. Seminare und Workshops in anderen Gegenden sind ideale Kurztrips; man lernt nicht nur neue Orte kennen, sondern auch ähnlich gesinnte Menschen und nimmt dazu noch Wissenswertes aus dem gewählten Seminar mit.

7. Die Welt wird kleiner, je öfter man reist. Das hat den Vorteil, dass man souveräner wird, auch im Umgang mit anderen Menschen. Man ist automatisch offener, hilfsbereiter und sicherlich verständnisvoller, denn man weiß ja, wie es ist, in einer fremden Umgebung zu sein.

8. Zu Hause eine Reise zu planen gibt einem ein positives Gefühl. Und mit der Planung beginnt die Reise eigentlich auch schon im Kopf, in der Fantasie. Durch die Vorbereitung und Vorfreude sowie die Erinnerung an die Ferientage wirkt das Erlebnis erheblich länger, als die Reise dauert.

9. An einem anderen Ort vergisst man schneller seinen Alltag, und der Organismus schaltet auf Entspannung um. Luftveränderung stärkt das Immunsystem, und das besonders, wenn es sich um Reisen ans Meer oder in die Berge handelt.

10. Menschen, die öfter Kurztrips unternehmen, sind wesentlich produktiver im Job und schaffen mehr, wenn sie wieder zurück am Arbeitsplatz sind, als diejenigen, die weniger verreisen.

11. Kurzreisen sind meist günstiger als ein längerer Urlaub, da man weniger Nächte vor Ort ist und nicht sehr weit reist; dennoch ist der Effekt der Erholung groß.

12. Kurze Reisen fördern die Kreativität. Man ist Neuem gegenüber offen und findet kreative Möglichkeiten, die Vorteile des Kurztrips optimal auszunutzen. Weil so viel Neues auf einen einströmt, verarbeitet man die Eindrücke oftmals erst, wenn man wieder zu Hause ist, und ordnet sie dann mental in sein eigenes Umfeld ein. Die Reise geht also eigentlich noch weiter.

Links oben:
Ein Spaziergang am Lido di Venezia lässt einen Energie für den nächsten Monat tanken.

Links Mitte:
Interior-Inspiration für zu Hause aus dem Mandarin Oriental in Mailand.

Links unten:
Nur eine Flugstunde entfernt: die Côte d'Azur.

Rechts:
Wie komme ich schnell an mein Reiseziel? Immer nur mit Handgepäck reisen.

IRMA
Travel Guide

Côte d'Azur

München

London

Paris

Mailand

Madrid

Mallorca

Lissabon

Marrakesch

Venedig

St. Moritz

Lech am Arlberg

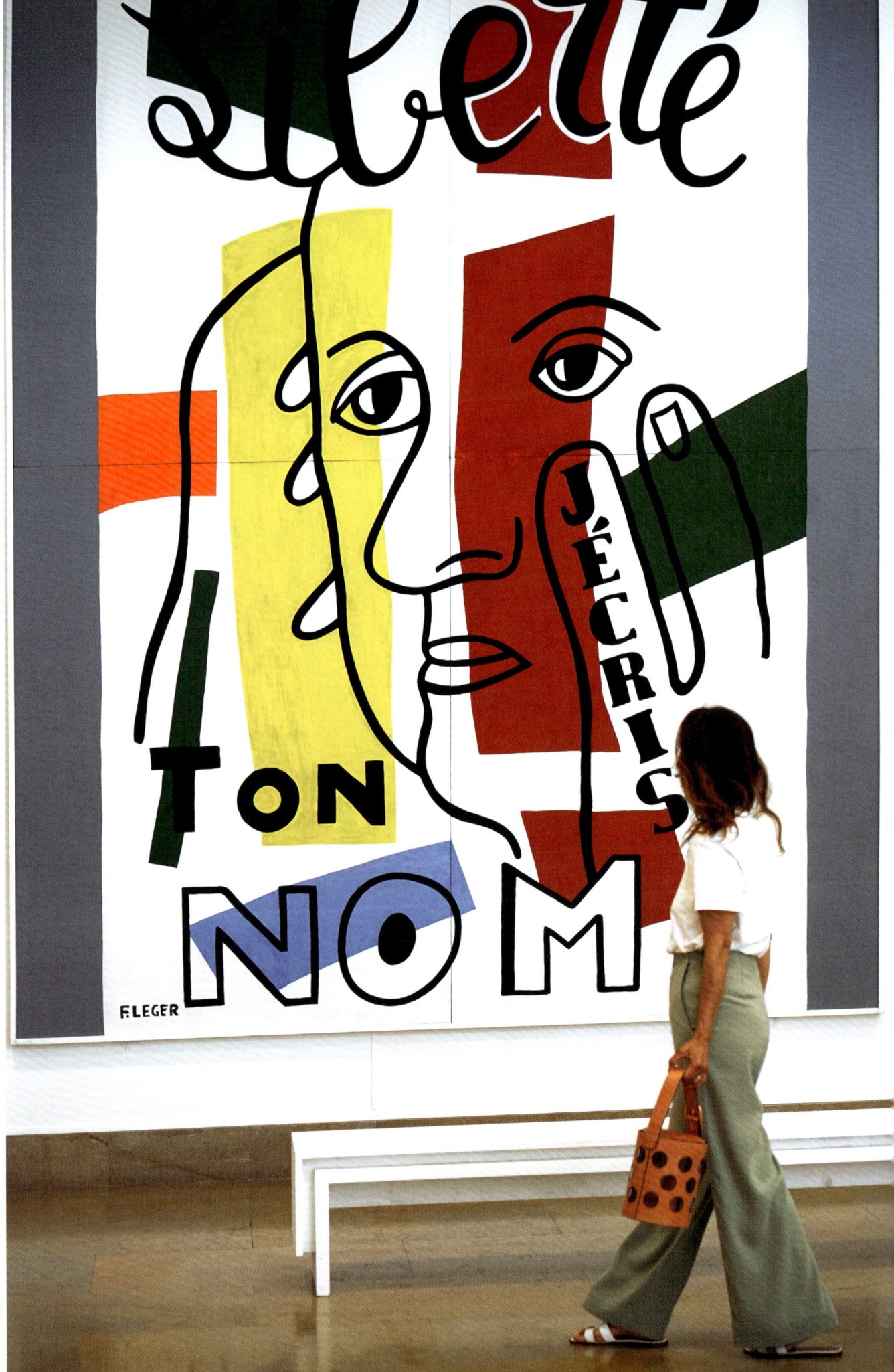

MUSÉE FERNAND LÉGER
Eines der wichtigsten Museen der Region ist das Fernand-Léger-Museum in Biot. 450 außergewöhnliche Werke vom Impressionismus bis zum Kubismus gibt es zu entdecken. Ein riesiger Park ist der ideale Ort, um nach der Bewunderung der Kuntswerke ein erholsames Picknick zu genießen. Das ganze Jahr über finden im Museum Veranstaltungen und Workshops statt.

CÔTE D'AZUR

Dieser Landstrich an der südfranzösischen Küste begeistert durch so viele Facetten von Kultur, Lebensart und Internationalität, die man das ganze Jahr über genießen kann.

Die beste Patisserie an der Küste gibt es im Restaurant des Cap-Eden-Roc.

Ein Tisch unter Fernand Légers Relief im Garten des Colombe d'Or.

Mein Lieblingsplatz zum Schwimmen: Port Pierre Canto bei der Plage L'Ecrin.

EAT

Hôtel La Colombe d'Or, Saint-Paul-de-Vence
Zum Mittagessen für mich der schönste Ort an der Küste. Nehmen Sie Platz im Garten dieser legendären Herberge und bestellen Sie die Selection Horsd'œuvre oder eine Crudité. Die Speisekarte ist ein Kunstwerk.
la-colombe-dor.com

Astoux et Brun, Cannes
Eines meiner Lieblingsrestaurants an der Côte d'Azur. Man muss nicht reservieren, hier gibt es die besten Meeresfrüchteplatten, und die gekachelten Tische vermitteln einem sofort das Gefühl, am Meer zu sein.
astouxbrun.com

L'Ondine Plage, Cannes
Die Croisette verbindet die Stadt mit dem Strand und die dort angesiedelten Beach-Restaurants werden immer besser. L'Ondine ist ein Klassiker, daher bestellt man auch am besten ganz klassisch Salade Niçoise und Steak Tatare mit gekühltem Rosé. *ondineplage.com*

SHOP

Rue d'Antibes, Antibes
Die Einkaufsstraße parallel zur Croisette ist gesäumt von vielen kleinen Boutiquen, in denen man No-Name-Brands, außergewöhnlichen Schmuck und jede Menge Beach Wear bekommt. Natürlich sind auch Filialen aller internationalen Modefirmen dort angesiedelt.

55CROISETTE, Cannes
Mittlerweile sind an der Croisette nur noch die großen Modehäuser vertreten. Dazwischen findet man den Multi-Brand-Store 55CROISETTE für tolle Partykleider anlässlich des Filmfestivals.

SLEEP

Hôtel Belles Rives, Juan-les-Pins
Direkt am Meer gelegen, ist dieses historische Grandhotel ein ganz besonderer Platz, an dem sich schon F. Scott Fitzgerald und seine Künstlerfreunde Anfang des 20. Jahrhunderts zum Schwimmen trafen. Am besten beginnt man den Tag dort mit einer Runde Wasserski.
bellesrive.com

Hôtel Belle Plage, Cannes
Etwas oberhalb der Croisette befindet sich das Belle Plage in der Nachbarschaft von Le Suquet, der Altstadt von Cannes. Das moderne Gebäude passt zu Cannes, wer aber lieber in einer alten Villa wohnen möchte, sollte das bei der Buchung erwähnen, da das Hotel auch über eine mediterrane Villa im Park verfügt. Die Dachterrasse lädt dazu ein, den Sonnenuntergang zu genießen.
hotelbelleplage.fr

MÜNCHEN

Hier wohne ich seit vielen Jahren. Hier bin ich zuhause.

Vintage-Objekte und Interior von
Alva Morgaine.

Jasmin trägt ihre Kollektion,
die auch bei Lodenfrey erhältlich ist.

Karaffen von
Britta Peters Interior.

EAT

Schumann's Hofgarten
Charles Schumann führt seit Jahrzehnten eine
der besten Bars der Welt. Wer wissen möchte,
wer in München etwas bewegt, muss zum Lunch
hierherkommen. Im Sommer am besten direkt
im Hofgarten in der Sonne sitzen.
schumanns.de

Tohru in der Schreiberei
In einem der ältesten Münchner Bürgerhäuser
in der Altstadt gelegenes, mit zwei Michelin-
Sternen ausgezeichnetes Restaurant von Tohru
Nakamura. Einfacher zubereitete, aber qualitativ
genauso gute Gerichte gibt es in der Schreiberei
im Erdgeschoss. Hier kann man auch im Innenhof unter Sternen verweilen.
schreiberei-muc.de

SHOP

Britta Peters Fine Craft, Interior & Café
Reich an ungewöhnlichen Dingen, ist
dieses Geschäft in Bogenhausen mehr als
nur ein Geheimtipp für alle, die das
Besondere suchen. Bei einem Espresso oder
kleinen Lunch kann man außergewöhnliche
Labels, Accessoires oder Dekoratives aus
aller Welt entdecken.
britta-peters.com

Lodenfrey
Eines der exklusivsten Modehäuser Deutsch-
lands mit großer Auswahl an bekannten und
aufstrebenden Modemarken. Berühmt auch für
seine Trachtenabteilung, in der sich Präsidenten,
Royals und Stars für das Oktoberfest einkleiden.
lodenfrey.com

SLEEP

Hotel Bayerischer Hof
Grande Dame der Münchner Hotellerie
am Promenadeplatz mit Terrasse und Pool
auf dem Dach. Einige Zimmer sind von
dem Interiordesigner Axel Vervoordt
ausgestattet worden.
bayerischerhof.de

Cortiina
In der Nähe des Viktualienmarkts gelegenes,
stilvoll eingerichtetes Hotel in der Altstadt
von München. Die Zimmer sind mit schönen
Stoffen individuell gestaltet.
cortiina.com

Rosewood München
Hinter der historischen Neubarock- und Rokoko-
fassade der Kardinal-Faulhaber-Straße 1 und des
angrenzenden Palais Neuhaus-Preysing wurde
das erste Hotel der US-Rosewood-Hotelgruppe
in Deutschland errichtet.
rosewoodhotels.com

IRMA im Münchner Café
Jasmin in Schwabing.

Diese Stadt
ist immer in
Bewegung, hier
Knightsbridge

LONDON

Außergewöhnliche Geschäfte und Dekorationen, die schönsten Vorgärten und Blumenbouquets,
die besten Köche der Welt und die wohl facettenreichsten Kaufhäuser – alles in einer Stadt.

Tea Time
im Mandarin Oriental.

Kunst von Phyllida Barlow im
The Audley Public House.

Die Galerie
Hauser & Wirth.

EAT

Scott's of Mayfair
Das wohl beste Fischrestaurant Londons.
Austern und Meeresfrüchte, begleitet von einem
Glas Champagner, riesige rosa Garnelen mit
Chili und Limette, eine raffinierte Mischung
aus süß und sauer, oder Scheiben von gepökel-
tem Lachs mit etwas Zitrone und serviert mit
leichtem Salat.
scotts-mayfair.com

Sessions Art Club, Clerkenwell
Es ist kein Privatclub, aber er erinnert an einige
der besten Clubs der 80er- und 90er-Jahre, als
solche Orte noch geheimnisvolle und gemütliche
Rückzugsorte in London waren. Dekadent, ein
bisschen sexy und definitiv nicht zeitgemäß –
einfach großartig.
sessionsartsclub.com

The Audley Public House
Ein traditioneller Nachbarschaftspub in Mayfair
mit Kunst von der Galerie Hauser & Wirth.
theaudleypublichouse.com

SHOP

Matches Fashion Townhouse
Das Matches Fashion Townhouse setzt mit
einer Reihe von kuratierten Kollektionen,
Events, Dinners, Podcasts und privaten
Shopping-Suiten neue Maßstäbe für
Concept-Stores.
matchesfashion.com

Labour & Wait
Dieses Geschäft hat alles, was man im
Haushalt braucht. Wer eigentlich nicht
gerne putzt, wird hier von den neuesten
Besenmodellen und vielem mehr dazu
inspiriert. Man möchte sofort nach Hause
und Ordnung schaffen.
Labourandwait.co.uk

Dover Street Market
Bei jedem Londonbesuch finde ich hier
neue Labels, künstlerisch kuratiert.
doverstreetmarket.com

SLEEP

The Connaught
Im Londoner Stadtteil Mayfair in der Nähe des
Hyde Parks gelegen, beherbergt das Connaught –
das ursprünglich als Prince of Saxe-Coburg
Hotel in den frühen 1800er-Jahren eröffnet
wurde – 121 Zimmer, die von Guy Oliver und
David Collins gestaltet wurden. Die Flure sind
mit Originalkunstwerken (3000 Stück) von
Damien Hirst bis Barbara Hepworth gesäumt.
Die Zimmer sind elegant und doch gemütlich,
zwei ausgezeichnete Restaurants bieten feine
Küche, und eine der Bars hat den wohl begehr-
testen Martini-Wagen der Stadt. Das Frühstück
im hauseigenen Restaurant Jean-Georges gilt als
eines der besten in London.
the-connaught.co.uk

The Academy Hotel
The Academy im Herzen von Bloomsbury im
Londoner West End besteht aus fünf gregoria-
nischen Stadthäusern, die zu einem charmanten
Luxushotel zusammengefasst wurden.
theacademyhotel.co.uk

PARIS

Paris ist für mich ein entspannter Ort. Man kann mit dem Fahrrad überall hinfahren.
In den Tuilerien findet man Ruhe und Muse, und so manches Viertel wirkt wie ein eigenes Dorf.

Ein Café im Garten des Palais Royal
ist ein guter Start in den Tag.

Bei einem ziellosen Bummel durch mein
Lieblingsquartier Saint-Germain.

Der Innenhof des Hôtel Plaza Athénée in der Avenue
Montaigne ist der perfekte Ort für einen Lunch.

EAT

Chez Georges
Das perfekte französische Bistro mit exzellenter
Küche aus der Region und erfahrenen Kellnern,
die jede Mahlzeit zu einer Inszenierung Pariser
Lässigkeit werden lassen.
1, rue du Mail

Maison Lautrec
In einem Neo-Bistro-Dekor mit Art-déco-
Anklängen bieten die Cocktailbar und das
Restaurant im Pigalle den perfekten Ausgangs-
ort für eine lange Nacht in den besten Clubs
der Stadt.
maisonlautrec.fr

La Poule au Pot
Eins der schönsten und klassischsten
kleinen Restaurants mit köstlich bürgerlicher
französischer Küche.
9, Rue Vauvilliers

SHOP

Merci
Aufgebaut wie ein kleines Kaufhaus und
doch sehr individuell gestaltet, findet man in
diesem Laden jede Menge Bekleidung, Haus-
haltswaren und Accessoires.
merci-merci.com

The Broken Arm
Ein Concept-Store und Café im dritten Arron-
dissement mit einer Mischung aus jungen Designern und etablierteren Brands wie Raf Simons,
Jacquemus und Marine Serre.
the-broken-arm.com

Hermès – Le petit H
Hier fertigen die Handwerker von Hermès
aus Materialresten neue Kunstwerke.
17, Rue du Sèvres

SLEEP

Hôtel Lutetia
Das 1910 gegründete Hotel Lutetia ist seit jeher
eine feste Größe in der Pariser Hotelszene. Der
Palast war seinerzeit der bevorzugte Aufenthalts-
ort zahlreicher Berühmtheiten wie Picasso, Ma-
tisse und Josephine Baker, die die Stadt während
der Jazz-Ära ins Rampenlicht der Weltöffentlich-
keit rückten. Das Hotel verfügt über ein Akasha
Holistic Spa mit Pool.
hotellutetia.com

Pavillon Faubourg Saint-Germain
Ein Wintergarten im Herzen von Saint-Germain-
des-Prés, eine Oase der Ruhe, geschützt vor
neugierigen Blicken, ein tadelloser Service – das
Boutiquehotel Le Pavillon Faubourg Saint-
Germain, dessen Mauern von Geschichte durch-
drungen sind, verkörpert den Pariser Chic und
seinen stillen Luxus.
pavillon-faubourg-saint-germain.com

IRMA genießt eine Pause
an der Seine gegenüber der
Île St. Louis. Sie trägt Dior.

Gehen Sie in Ihrem Lieblingsviertel spazieren und lassen Sie sich von der Architektur und den Stadtgärten begeistern. Outfit aus der Jasmin Khezri Collection.

MAILAND

Zwischen Tradition und modernem Design, Mailand zeigt immer wieder ein neues Gesicht,
besonders während der Fashion Week und der Design Week.

Die besten Spaghetti Vongole
gibt es bei Giacomo.

Valentino-Pop-up während des Salone
del Mobile bei Madame Pauline Vintage.

Die neu gestaltete Bar von
Patricia Urquiola im Four Seasons.

Fornasetti-Zimmer
im Mandarin Oriental.

EAT

La Fettunta
In einer kleinen Seitenstraße hinter dem Mailänder Dom versteckt sich dieses klassische
Nachbarschaftslokal. Das alte Viertel Cinque
Vie ist beliebt, da sich hier viel auf der Straße
abspielt und man immer wieder neue Geschäfte
und Galerien entdeckt.
Via Santa Marta, 19/a

Pasticceria Cucchi
Die 1936 eröffnete, wunderbar kitschige
Pasticceria Cucchi serviert köstlichen Panettone
mit kandierten Früchten und andere süße
Köstlichkeiten zu einem fantastisch starken
Espresso.
pasticceriacucchi.it

Da Giacomo
Klassischer Lieblingsitaliener bei
jedem Mailandbesuch.
giacomomilano.com

SHOP

Bivio
Der Kult-Vintage-Laden Mailands. Es gibt drei
davon: einen für Frauen, einen für Männer, und
im dritten kommen alle auf ihre Kosten. Hier
bekommt man viele Anregungen, um Vintage-
Mode modern zu kombinieren und zu stylen.
biviomilano.it

Madame Pauline Vintage
Eine Auswahl von gut kuratierten Vintage-
Kollektionen in einem wunderschönen mint-
farbenen Showroom, dazu passende Accessoires
und Modeschmuck aus der Zeit von 1920 bis
1980. Das Geschäft ist auch für Kollaborationen
mit großen Modehäusern bekannt, zum Beispiel
Valentino. Zudem finden oft besondere Events
für Kunden statt.
madamepaulinevintage.it

SLEEP

Four Seasons Milano
Direkt im Goldenen Dreieck Mailands in einem
alten Kloster gelegenes Luxushotel. Die Zimmer
umschließen den großen Garten, und man fühlt
sich, obwohl man mitten in der Stadt wohnt, wie
in einer Oase der Ruhe. Besonders begehrt zu
den Modewochen und dem Salone del Mobile.
Wer kein Zimmer dort hat, kann sich zum Lunch
einen Tisch im Klostergarten reservieren.
fourseasons.com/milan

Palazzo Parigi
Der Palazzo Parigi ist eines der prächtigsten
Hotels der Stadt und besticht durch glitzernde
Kronleuchter, Antiquitäten und wertvolle Kunstwerke. Die eleganten Zimmer sind in Naturtönen
gehalten, der Service ist exzellent, und es gibt ein
hervorragendes marokkanisch inspiriertes Spa,
das eine Reihe von Behandlungen einschließlich
authentischer Hammam-Rituale anbietet.
palazzoparigi.com

MADRID

Keine andere Stadt strahlt zurzeit so viel Lebensfreude aus wie Madrid. Essen gehen ist ein Fest, und die zahlreichen kleinen Geschäfte und Cafés laden dazu ein, immer wieder etwas Neues zu entdecken.

Die Kiosk-Kette Good News bietet internationale Kunstmagazine und einen guten Café.

Von den vielen Roof-Top-Bars aus kann man Madrid von oben bewundern.

Eine der schönsten und ältesten Patisserien der Stadt, La Duquesita.

EAT

Aarde
Dieses Restaurant ist stark afrikanisch inspiriert – weniger von der Küche her als von der Konzeption und der Rückbesinnung auf Ursprüngliches. Der Schwerpunkt der Speisekarte liegt auf Gemüse. Man sitzt am besten draußen und genießt die Stimmung.
aarde.es

Patio Siete
Argentinisch-israelisches Restaurant mit einem sehr schönen Innenhof im eleganten Viertel Chamberi. Empfehlenswert für einen Lunch im Patio mit Pflanzen und schöner Keramik oder zum Dinner drinnen in entspannter Atmosphäre, umgeben von Büchern und Magazinen.
patiosiete.com

SHOP

Formaje
Man muss nicht unbedingt Käseliebhaber sein, um sich für dieses Geschäft und die Art, wie Käse aus der ganzen Welt präsentiert wird, zu begeistern. Ein Besuch lohnt sich allemal.
formaje.com

PEZ
PEZ wurde im Jahr 2004 in einer ehemaligen Apotheke eröffnet. Es bietet elegante und lässige Mode im Boheme-Chic, wie sie von Madrider Schauspielerinnen, Models und Künstlern getragen wird. Das Geschäft wird von seinen Besitzern als ihr Zuhause betrachtet. Neben Mode findet sich dort auch eine Auswahl an dänischen und industriellen Möbeln, Porzellan, Teppichen, Schmuck und Lampen.
pez-pez.es

SLEEP

Santo Mauro
Viele Hotels geben vor, ihren Gästen einen königlichen Aufenthalt zu bereiten, aber nur wenige bieten die Möglichkeit, in einem echten Aristokratenhaus zu übernachten. Das Santo Mauro, ein Luxury Collection Hotel und das erste Haus der gehobenen Marke Marriott in der spanischen Hauptstadt, ermöglicht genau das, da es sich im ehemaligen Anwesen des Herzogs von Santo Mauro befindet.
marriott.de/hotels/travel/madlc-santo-mauro-a-luxury-collection-hotel-madrid

URSO Hotel
Ein kleines Stadtpalais mit Charme und literarischem Touch. Dieses ehemalige Verlagshaus liegt perfekt im eleganten Salesas-Viertel. Nur wenige Gehminuten von Malasana und Chueca entfernt und in der Nähe aller Orte, die Sie in Madrid besuchen sollten.
hotelurso.com

IRMA im Retiro-Park. Sie
trägt Bluse und Rock aus
der Jasmin Khezri Collection
und ein Vintage-Cape.

Hotel Cap Rocat. Jasmin trägt
Jasmin Khezri Collection.

MALLORCA

Eine Insel mit vielen Facetten, einer unerschöpflichen Natur und einer Hauptstadt,
die zu allen Jahreszeiten etwas zu bieten hat.

Mandelkuchen auf der Terrasse des Hotels
La Residencia in Deia.

Erst schwimmen in der Bucht von Deia,
dann zum Lunch ins Ca's Patró March.

Die Schaufenster von Ca'n Joan de s'Aigo, der
ältesten Patisserie in Palma, sind eine Augenweide.

EAT

Ca's Patró March, Deia
In einer kleinen Bucht unterhalb von Deia
gelegenes Fischrestaurant. Nehmen Sie an den
einfachen Holztischen Platz und genießen Sie
die fantastische Aussicht.
Cala Deia, Deia

Sea Club, Cap Rocat
Inmitten der Felsen der Bucht bietet die Terrasse
einen fantastischen Blick über die gesamte Bucht
von Palma – die Sonnenuntergänge sind hier
traumhaft. Zu den Spezialitäten dieses Restaurants zählen typisch mallorquinische Fisch- und
Fleischgerichte aus dem Holzkohleofen oder
vom Grill.
caprocat.com/de/sea-club

SHOP

Estilo Sant Feliu, Palma
In diesem Geschäft gibt es handgearbeitete
Kissen, Tischsets, Handtücher und Keramik mit
traditionellem mallorquinischen Llengos-Muster,
die seit jeher in den Häusern auf der Insel
verwendet wird.
estilosantfeliu.com

Mimbrería Vidal, Palma
Seit 1955 bietet Mimbrería Vidal eine breite
Palette an traditionellen und modernen Flecht-
körben, Taschen, Hängematten, Paravents und
vielen weiteren schönen Dingen, die alle in
Handarbeit hergestellt werden.
mimbreriavidal.com

ROUGE by Gallery Red, Palma
Preloved- und Vintage-Mode von Hermès,
Dior und Chanel sowie viele andere Vintage-
Accessoires in sehr gutem Zustand.
rougemallorca.com

SLEEP

Cap Rocat, Cala Blava
Diese ehemalige Festung aus dem 19. Jahrhundert wurde vom Architekten Antonio
Obrador in ein luxuriöses Boutiquehotel
verwandelt und befindet sich in einem Natur-
schutzgebiet an der Bucht von Palma, nur
15 Minuten vom Flughafen entfernt.
caprocat.com

Can Cera, Palma
Dieses exklusive Boutiquehotel in einem Palast
aus dem 17. Jahrhundert liegt etwas versteckt
mitten in der Altstadt von Palma. Die Besitzer
und Kunstliebhaber Miguel Conde und seine
Frau Cristina Marti sind bekannt für ihre
Sammlung mallorquinischer Kunst, die im
Haus verteilt ist.
cancerahotel.com

LISSABON

Diese Stadt entwickelt sich so schnell, dass man, selbst wenn man monatlich kommt,
immer wieder etwas Neues zu entdecken hat.

Das Modegeschäft
Les Filles.

Blumen im Hotel
Santa Clara.

Ein Café im
Quiosque Gengibre da Estrela.

EAT

Magnolia
Sehr kleine Weinbar. Hier treffen sich die
Kreativen aus Lissabon. Eine gute Selektion an
Weinen zu portugiesischen Köstlichkeiten.
Praça das Flores 43

Aqui ha Peixa
Der Name bedeutet: „Hier gibt es Fisch", und
um dem Namen alle Ehre zu machen, ist
gegrillter, gekochter oder gebratener Fisch der
köstliche Hauptbestandteil der Gerichte. Im
Chiado, einem der interessantesten Viertel
Lissabons, gelegen.
aquihapeixe.pt

Bla Bla Glu Glu
Noch eine Weinbar, aufgemacht wie ein
privates Wohnzimmer, in der man sich vor,
zum oder nach dem Essen trifft.
Largo das Olarias 22

SHOP

Lachoix
Stylisher Geheimtipp für Frauen, die elegante,
androgyn anmutende Schuhe suchen. Hochwertige Qualität made in Portugal. Bekannt
auch durch die Pop-ups.
lachoix.com

Les Filles
Eine Mischung aus Schmuck und ausge-
fallener, junger Fashion wie Alexandra
Moura, Marques'Almeida, Beatriz Palacios,
Rachel Antonoff, Moises Nieto oder
Andres Gallardo.
lesfill.es

Sapataria do Carmo
Der älteste und charmanteste Schumacher aus
Lissabon zeigt hier seit 1904 seine neuen
Kollektionen.
sapatariadocarmo.com

SLEEP

Santa Clara 1728
Mit Blick über Lissabon an einem kleinen Platz
gelegenes intimes Hotel mit nur sechs Suiten.
Eingerichtet mit lässiger Ästhetik und höchste
Privatsphäre garantierend.
silentliving.pt/houses/santa-clara-1728

Verride Palácio Santa Catarina
Mit zahlreichen Preisen versehenes kleines
Luxushotel mit wunderschöner Roof-top-Bar.
Jedes Zimmer individuell unter Berück-
sichtigung der historischen Umgebung
geschmackvoll gestaltet.
verridesc.pt

Sublime Lisboa
Dieses Boutique-Hotel gehört zu der
gleichnamigen Dependance in Comporta
in Amoreiras Nachbarschaft.
sublimelisboa.pt

IRMA trinkt ihren Kaffee an den unterschiedlichsten Orten.

Der Pool im
Riad Mena.
Jasmin trägt
einen Kaftan
von casa nata
X IRMA.

MARRAKESCH

Mit seinen labyrinthischen Souks, duftenden Gärten und prächtigen Riads vor der Kulisse des Atlasgebirges
hat Marrakesch IRMA schon lange in seinen Bann gezogen.

Das Spa im
Mandarin Oriental.

Artsi
Ilfrach.

Jasmin im
Riad El Fenn …

… und mit einem handbemalten Korb
von IRMASWORLD beim Einkaufen
im Souk von Marrakesch.

EAT

Riad El Fenn
Das Restaurant auf der Dachterrasse des
gleichnamigen, von Vanessa Branson,
der kunstbegeisterten Gründerin der
Marrakesch-Biennale, eröffneten Hotels
zieht ein kosmopolitisches Publikum an,
das auf der großen Terrasse stilvoll den
Abend feiert.
el-fenn.com

Naima
Dieses einfache, schnörkellose Lokal im Herzen
der Souks ist vor allem für eines bekannt:
Couscous – und das ist wirklich gut. Es gibt keine Speisekarte, man sitzt im marokkanischen Stil
um ein gemeinsames Gericht herum, von dem
alle essen.
Rue Azbezt No. 30

SHOP

33 Rue Majorelle
33 Rue Majorelle ist das Marrakescher Pendant
zum inzwischen geschlossenen Collette in Paris.
Die Galerie mit Boutique bietet eine sorgfältig
zusammengestellte Auswahl an Produkten von
fast 100 lokalen Kunsthandwerkern und ist der
beste Ort, um von fein bestickten Tuniken bis
zu handbemalten Teegläsern allerlei Schönes zu
erwerben.
33ruemajorelle.com

Maison ARTC by Artsi Ilfrach
Der Künstler und Modedesigner Artsi kreiert
One-of-a-Kind-Bekleidung, die er auch auf der
Fashion Week in Paris zeigt. Sein Geschäft in
Marrakesch ist eine eklektische Mischung aus
Cabinet de Curiosités und Artisanal Fashion.
maisonartc.com

SLEEP

Mandarin Oriental Marrakech
Dieses fabelhafte Hotel vereint modernen
marokkanischen Stil mit traditionellen Elementen, die von den Farben der Wüste und dem
reichen kreativen Erbe der Berber geprägt sind.
Das Ergebnis ist eine sehr coole, moderne Oase
mit privaten Villen, die von Rosengärten und
Wasserspielen umgeben sind.
mandarinoriental.com

Riad Mena
Wer auf der Suche nach einem besonderen Platz
in Marrakesch ist, der sollte das Riad Mena
aufsuchen und tief in diese pulsierende Stadt
eintauchen. Aus dem ursprünglich als Privat-
haus gedachten alten Riad in der Altstadt ist ein
schönes Hotel mit sechs Suiten entstanden.
riadmenaandbeyond.com

VENEDIG

Venedig ist ein Muss für Design- und Kunstliebhaber, trotzdem gibt es noch viele
verborgene Orte, die es zu entdecken gilt.

Die Bar im
Gritti Palace.

Jasmin im
Hotel Bauer.

Porzellangemüse
von Rigattieri.

EAT

Da Celeste, Pellestrina
Nicht nur der Blick von der Terrasse über
die Lagune auf Venedig ist himmlisch,
sondern auch die Fischküche in veneziani-
scher Tradition. Am besten erreicht man das
Restaurant von Venedig aus in 20 Minuten
mit dem Wassertaxi.
dacelestepellestrina.com

CoVino
Der Name bedeutet kleines Refugium, und
mit nur 14 Plätzen ist dieses mitten im
Castello-Viertel gelegene Restaurant genau
das. Hier liegt der Schwerpunkt auf den
besonderen Weinen kleiner Winzer, zu
denen die Speisekarte immer wieder neu
gestaltet wird.
covinovenezia.com

SHOP

Attilio Codognato
Die Geschichte des venezianischen Juwelier-
hauses Attilio Codognato reicht bis ins Jahr 1866
zurück, als das erste Geschäft eröffnet wurde.
Die Schmuckkollektionen von Attilio Codognato
befinden sich heute noch am selben Ort und
bleiben ihrem Erbe treu, da sie von den Edel-
steinen inspiriert sind, die bei archäologischen
Ausgrabungen gefunden wurden. Berühmt für
seine Memento Mori.
attiliocodognato.it

Rigattieri
Hier bekommt man verschiedene handgearbeitete Keramik aus der Region Bassano
del Grappa. Charmante und zeitlose Stücke,
die Ihre Tischdekoration verschönern.
Sestiere di S. Marco, 3535

SLEEP

The Gritti Palace
Dieser wunderbare Palast direkt am Canale
Grande ist erst vor Kurzem vollständig renoviert
worden, dabei wurde die Zahl der Zimmer
deutlich reduziert. Gestaltet in einem opulenten
venezianischen Stil mit einem der schönsten
Restaurants der Stadt.
marriott.comthegrittipalacevenice.com-hotel.com

Grand Hotel Excelsior, Lido
Es gibt viele Gründe dafür, dass Hollywoodstars
bei den Filmfestspielen von Venedig im
Excelsior wohnen wollen. Einer davon ist die
perfekte Lage direkt am Strand am Lido vor
Venedig und der Shuttleservice mit den klassischen Mahagonibooten zum Markusplatz.
Also tagsüber den Strand genießen und dann
zum Sundowner nach Venedig.
hotelexcelsiorvenezia.com

Eine Gondelfahrt durch
Venedig ist ein ganz
besonderes Erlebnis.

Mit 155 Kilometer Pisten
und 8 Kilometer Skirou-
ten ist das auf einer Höhe
von 1720 bis 3057 Metern
gelegene Wintersportgebiet
relativ klein, dafür meist
von der Sonne beschienen.
IRMA trägt hier Chanel.

ST. MORITZ

Mit über 322 Sonnentagen im Jahr ist St. Moritz einer der
schönsten Plätze der Welt.

Die Eisbahn im Kulm Country Club
ist ein beliebter Treffpunkt nach dem
Skifahren – auch um nur ein Sonnenbad
zu genießen.

Lunch im
Kulm Country Club.

Blue hour in
St. Moritz.

Tapisserie in der Lobby des
Kulm Hotels.

EAT

Chesa Veglia
Die Pizzeria in dem 1658 erbauten Bauernhaus
ist der beliebteste und ein entspannter Treffpunkt
in St. Moritz. Ein Must ist die Pizza Dama
Bianco.
badruttspalace.com

Crasta, Fex
Im Naturparadies des Fextals gelegene Pension
mit guter Engadiner Küche. Im Winter am besten
mit der Pferdekutsche hinfahren und dann nach
Silz zurücklaufen, oder umgekehrt.
pensiuncrasta.ch

SHOP

Super Mountain Market
Eine Mischung aus Coffeeshop und Concept-
Store mit einer besonderen Auswahl an Büchern,
Fashion und Produkten, die das alpine Leben
schöner machen.
superstmoritz.com

Cashmere House Lamm
Traditionsreichster Kaschmirhändler der
Schweiz. Ein großes Sortiment an hochwertigen
Kaschmir-Kollektionen, auch Home Collection.
Seit vier Generationen familiengeführt.
cashmerelamm.ch

SLEEP

Kulm Hotel St. Moritz
Der Aristokrat unter den Grand Hotels und die
Wiege des Wintertourismus. Hier hat auch der
Cresta Club seine Stamm-Bar, und der Country
Club mit Eisbahn von Sir Norman Foster ist eine
architektonische Sensation.
kulm.com

Chesa Salis, Bever
Charmantes, mit Sgrafitto verziertes historisches
Anwesen im malerischen Bever nahe St. Moritz.
Individuelle, mit Arvenholz verkleidete Zimmer,
die mit Antiquitäten ausgestattet sind.
chesa-salis.ch

LECH AM ARLBERG

Sportlicher geht es nicht, da die meisten Hotels direkt an der Piste liegen
und zu frühen Bergtouren einladen.

Die Kriegeralpe ist ein
beliebter Platz zum Lunch.

Details aus dem
Hotel Kristiania.

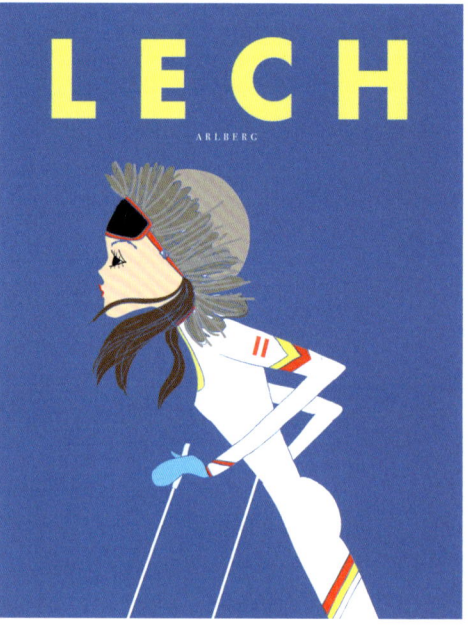

Das Travelposter von
irmasworld.com.

EAT

Rote Wand Chef's Table
Eines der besten Restaurants Österreichs
ist auch eines der kleinsten. In einem alten
Schulhaus gelegen haben hier nur 14 Personen
Platz. Alpines Menü inspiriert von japanischen
und New Yorker Einflüssen der Chefs.
rotewand.com

Kriegeralpe
Wunderschönes Bergrestaurant mit
Produkten aus eigener Alp-Sennerei.
kriegeralpe.com

Klösterle
Jakob und Ethel kreieren köstliche Speisen
aus der Region, die am Tisch geteilt
werden. Empfehlenswert sind auch die
Fondue-Partys.
restaurant-kloesterle.at

SHOP

Strolz Sport & Modehaus
Eine Legende am Arlberg. Über mehrere Etagen
erstreckt sich das Modehaus und bietet alles
von Skibekleidung bis zum Silvester-Outfit.
strolz.at

Sagmeister
In den fünf Filialen in Lech findet sich
eine große Auswahl bekannter High-Fashion-
und Sportswear.
sagmeister.at

SEE

Skyspace Lech
Eine begehbare Kunstinstallation des
amerikanischen Lichtkünstlers James Turell.
skyspace-lech.com

SLEEP

Hotel Almhof Schneider
Die Hoteliers nennen es „gut gemachte Ein-
fachheit". Diese charmante Untertreibung
beschreibt wohl eines der besten Luxushotels
der Alpen nur mit einem Augenzwinkern.
Hochwertigste Materialien und unaufdring-
licher, perfekter Service.
almhof.at

Hotel Kristiania
Zusammen mit einem Fine-Dining-Restaurant,
einer temporären Kunstgalerie in der Garage des
Hotels und einem extravaganten Geschmack, der
das klassische Interieur im alpenländischen Stil
mit einem Mix aus zeitgenössischen Stoffen von
La Maison Pierre Frey, Wandfarbe von Farrow &
Ball und Möbeln im Stil der 80er-Jahre aufwer-
tet, ergibt sich ein sehr wohnliches Ambiente,
das nicht langweilig ist.
kristiania.at

Die meiste Zeit verbringt man im Skianzug oder, wenn man ein Hotel mit Spa gebucht hat, dort; hier das Severins The Alpine Retreat.

Noch mehr BERGE

... und Orte, die man unbedingt ansteuern sollte.

IRMA trinkt eine heiße Schokolade im Cheval Blanc in Courchevel.

CHAMONIX, FRANKREICH

Chamonix war schon immer der Ort, an dem sich Ski- und Bergführer qualifizieren und an den es sie, selbst nach epischen Reisen nach Kamtschatka oder Alaska, stets wieder zurückzieht.
Sleep: Hôtel Hameau Albert 1er,
hameaualbert.fr

COURCHEVEL 1850, FRANKREICH

Gepflegte Pisten, teure Hotels und mehr Michelin-Sterne-Restaurants, als man sich vorstellen kann: Courchevel 1850 ist ein Magnet für in kurzer Zeit sehr wohlhabend gewordene Gäste.
Sleep: Cheval Blanc,
chevalblanc.com

VAL D'ISÈRE, FRANKREICH

Val d'Isère mit seinem großartigen und weitschweifenden Pistenplan gehört zu den besten französischen Skigebieten.
Sleep: Le Refuge de Solaise,
lerefuge-valdisere.com

CORTINA D'AMPEZZO, ITALIEN

Als eines der ältesten und teuersten Skigebiete Europas bietet die „Königin der Dolomiten" eine weit oben gelegene Portion Dolce Vita. Entlang der Bergterrassen und der kopfsteingepflasterten Corsa Italia, der legendären Designerstraße, breitet sich eine typisch italienische Szenerie aus.
Sleep: Cristallo Palace Hotel und Spa,
marriott.com

KITZBÜHEL, ÖSTERREICH

Mit seinem mittelalterlichen Zentrum mit Fresken und pastellfarbenen Stadthäusern zieht Kitzbühel jede Menge Besucher an und wächst von Jahr zu Jahr.
Sleep: Tennerhof,
tennerhof.com

CRANS MONTANA, SCHWEIZ

Crans Montana liegt auf einem herrlich sonnigen Plateau über dem Rhonetal und ist ein Magnet für schweizerische und italienische Skifahrer.
Sleep: Six Senses,
sixsenses.com

GSTAAD, SCHWEIZ

Gunther Sachs und Roger Moore gehörten zu den Berühmtheiten, die dem zeitlosen Charme von Gstaad mit seinen traditionellen Chalets, Schokoladengeschäften und Pferdekutschen verfallen sind.
Sleep: Gstaad Palace,
palace.ch

KLOSTERS, SCHWEIZ

Der traditionelle Ruf von Klosters täuscht oft über sein beeindruckendes, 320 Kilometer langes Pistennetz und ein besonders aufregendes Gelände abseits der Pisten hinweg, das darauf wartet, erobert zu werden.
Sleep: Hotel Chesa Grischuna,
chesagrischuna.ch

ZERMATT, SCHWEIZ

Zermatt ist das Idealbild eines Alpenortes – mit der unglaublich malerischen kleinen Gornergrat-Bahn zu erreichen, mit der Pferdekutsche zu durchfahren und von einem eindrucksvollen Bergmassiv bewacht.
Sleep: Grand Hotel Zermatterhof,
zermatterhof.ch

Von links nach rechts:
Oben:
– Palacio Belmonte in Lissabon.
– Der vertikale Garten im Hotel
  Il Sereno von Patrick Blanc am
  Comer See.
– Der Innenhof vom Riad Mena
  in Marrakesch.
– Blumenbouquet im Mandarin
  Oriental in Mailand.
Mitte:
– Palmenensemble im Garten des
  Royal Mansour in Marrakesch.
– Gelbe Mohnblume und
  Mimosen in einer Vase von
  IRMASWORLD in München,
  inspiriert von Südfrankreich.
– Weiße Lilien im Colombe d'Or
  in St-Paul-de-Vence.
– Blumenbouquet im Four
  Seasons Hotel in Madrid.
Unten:
– Blumenbouquet in der Bar
  Fitzgerald im Hotel Belles
  Rives in Juans-les-Pins.
– Im Mandarin Oriental Hotel
  in Paris.
– Patio-Garten im Amanjena
  in Marrakesch.
– Eingang zum Four Seasons
  Hotel in Genf.

Blumen und Pflanzen
zu zeichnen hat etwas
Meditatives. Versuchen
Sie es mal.

BLUMEN
als Souvenir

Blumen geben Orten einen Charakter. Die Art, wie sie gebunden werden, wie sie einen Garten schmücken oder in welchen Vasen sie an bestimmten Plätzen stehen, ist bezeichnend für einen Ort. Die Natur spielt als Lieferant dabei eine große Rolle, aber auch die Menschen, die die Blumen auswählen und arrangieren. Ich nehme diese Inspirationen immer gerne mit nach Hause. Für mich ist das wie ein Souvenir von einem Ort mitzubringen, das ich aber jederzeit zu Hause selbst inszenieren kann. Dieses visuelle Blumen-Diary habe ich 2007 begonnen. Seitdem mache ich auf all meinen Reisen Fotos von Pflanzen und Blumen.

CALLWEY 1881

© 2023 Callwey GmbH
Klenzestraße 36
80469 München
buch@callwey.de
Tel.: +49 89 8905080-0
www.callwey.de

Wir sehen uns auf Instagram:
www.instagram.com/callwey

ISBN 978-3-7667-2618-6

1. Auflage 2023

Bibliografische Information der Deutschen
Nationalbibliothek
Die Deutsche Nationalbibliothek verzeichnet diese
Publikation in der Deutschen Nationalbibliografie;
detaillierte bibliografische Daten sind im Internet
über dnb.d-nb.de abrufbar.

**Dieses Buch wurde in CALLWEY-
QUALITÄT für Sie hergestellt:**

Beim Inhaltspapier haben wir uns für ein Magno-
Matt in 150 g/m² entschieden – ein matt gestri-
chenes Bilderdruckpapier. Die gestrichene, mat-
tierte Oberfläche gibt dem Inhalt einen edlen und
hochwertigen Charakter. Die Hardcover-Gestal-
tung besteht aus bedrucktem Peyprint-Papier und
wurde mit einem UV Lack veredelt. Dieses Buch
wurde in Deutschland gedruckt und gebunden bei
optimal Media, Röbel/Müritz.

Bildnachweis:

S. 9: Foto: Andreas Achmann,
        Styling: Jasmin Khezri
S. 40: Tory Burch, Patrick Demarchelier
S. 13: MyTheresa, Celine

Die Autorin:

Aufgewachsen in Deutschland, England und
Frankreich, studierte Jasmin Khezri an der
renommierten Parsons School of Design in
Paris und Los Angeles und avancierte zu einer
führenden Artdirektorin in Europa.
Neben einer erfolgreichen Karriere in Magazinen
(z. B. *SZ Magazin*, *JETZT*, *Marie Claire*) wurde
sie für ihren einzigartigen Illustrationsstil und
insbesondere für IRMA bekannt.

Seit Gründung von IRMASWORLD entwickelt
Jasmin in ihrem Studio zusammen mit ihrem
Team plattformübergreifende Inhalte sowohl für
das eigene Magazin als auch für internationale
Kunden. Es gibt zahlreiche Kooperationen in
Zusammenarbeit mit Partnern in Europa, den
USA und Japan. Von Celine bis Rolls-Royce,
von ISETAN bis myTheresa und viele mehr.

Im Jahr 2021 erweiterte Jasmin mit der
JASMIN KHEZRI COLLECTION ihr Portfolio
um das Design von Prêt-à-porter Mode.

Viel Freude mit diesem Buch wünschen Ihnen:

Projektleitung: Miriam Chisti
Lektorat: Caroline Kazianka
Schlusskorrektur: Andreas Leinweber
Gestaltung & Satz: Daniela Petrini
Artdirektion, Fotos und Illustrationen:
Jasmin Khezri
Herstellung: Dominique Scherzer u. Oliver Meier

Hinweis: Uns ist es ein Anliegen, dass sich alle
Geschlechter wahrgenommen und wertgeschätzt
fühlen. Im Sinne einer besseren Lesbarkeit der
Texte verzichten wir jedoch auf die gleichzeitige
Verwendung der Sprachformen männlich, weib-
lich und divers (m/w/d). Wo dies möglich ist,
bemühen wir uns darum, alle Formen mitein-
zubeziehen, oder um neutrale Formulierungen.
Sämtliche Personenbezeichnungen gelten gleich-
ermaßen für alle Geschlechter.

Liebevoll begleitet von
Miriam Chisti